KULTURKIRCHEN

EINE REISE DURCH DEUTSCHLAND

KULTURKIRCHEN

EINE REISE DURCH DEUTSCHLAND

PETRA BAHR
KLAUS-MARTIN BRESGOTT
HANNES LANGBEIN

EVANGELISCHE VERLAGSANSTALT
Leipzig

Landow
Koserow
SH
Lübeck
MV
Langeoog
Hamburg
Federow
HB
HH
Bremen
Dannenwalde
Eichstädt
NI
Briest
Berlin
BE
Hildesheim
ST
BB
NW
Saxdorf
Bochum
Dortmund
Leipzig
Arnsdorf
Düsseldorf
Dresden
Wandersleben
Köln
Isseroda
Gera
SN
TH
HE
Frankfurt am Main
RP
Darmstadt
Mannheim
Kaiserslautern
Nürnberg
BY
BW
München
Schopfheim
100 km

ALLE KIRCHEN SIND KULTURKIRCHEN

PETRA BAHR

WAS SIND KULTURKIRCHEN?

Kulturkirchen sind weiße Schimmel – sprachlich gesehen eine Verstärkung, die man im Grunde auch weglassen kann, oder? Der Titel dieses Reiseführers wird sicher bei der einen oder dem anderen für hochgezogene Augenbrauen sorgen. Schließlich sind alle Kirchen Ausdruck von Kultur: steinerne Zeichen einer unauflöslichen Verbindung von Ästhetik und Liturgie, von weltlicher und religiöser Macht, von konfessionellen Eigenheiten und der blutigen wie großartigen Religionsgeschichte des europäischen Christentums. Kaum ein touristisches Zentrum, das heutzutage nicht mit seinen Kirchen wirbt. In bunten Reiseführern werden den sogenannten »Kulturtouristen«, die eine ganze Dienstleistungsbranche selbstbewusst wie missverständlich von »Erlebnis- und Abenteuertouristen« abgrenzt, mittelalterliche Fresken und Orgeln früherer Jahrhunderte, Altäre, Kanzeln und die Kirchbauarchitektur regionaler Meister angedient. »Bereisen Sie die Kulturgeschichte des christlichen Abendlandes!« heißt es in einem der Exemplare in Berlin, das in drei Sprachen am

Blick auf die St. Katharinen-Kirche in Arnsdorf in der Oberlausitz

Eingangsportal einer Kirche für drei Euro zu erwerben ist. Es stimmt ja auch: mit den Kirchen auf Dörfern und in Städten ragen Erinnerungszeichen in den Himmel, die rückwärts weisen, in die Geschichte des Ortes, in die Geschichte einer Landschaft und in die individuelle Lebensgeschichte derer, die in diesen Räumen geistlichen und bisweilen auch nur körperlichen Schutz gesucht haben. Kirchen sind Manifestationen der Architekturgeschichte, der Kunstgeschichte, der Musikgeschichte, der politischen Geschichte.

Deshalb sind Kirchen auch voller Spuren unzähliger gelebter, das heißt erlittener und erträumter Leben. Wer mit Kamera vor dem Bauch und in bequemen Schuhen eine Kirche betritt, genießt die angenehme Kühle und den Geruch aus fernen Zeiten. Eine Spur von Kerzentalg und das Parfüm der Großmutter des letzten Täuflings liegen noch in der Luft. Der Kirchenbesucher sieht einen Raum eigener Güte, der sich von Bankfoyers und Museen genauso unterscheidet wie von Schulaulen oder gar Wohnzimmern. Das ist deshalb nicht selbstverständlich, weil hier jede Menge hochwertiger oder auch nur ans Herz gewachsener Kunst zu sehen ist: Altäre, Kruzifixe, bunt verglaste Kirchenfenster. Das mag ein Grund für eine Reise sein.

Doch dieser Kirchenführer soll nicht auf dem Stapel kunstgeschichtlicher Reisebücher landen. Er hat eine andere Intention: Ihm geht es nicht um die Kulturgeschichte des christlichen Abendlandes – oder jedenfalls nicht nur, und wenn, dann über einen Umweg. Diesem Buch geht es vielmehr um die Gegenwart. Es geht um Kirchen, die ihre Türen und Fenster öffnen, um den musealen Geruch zu vertreiben, der Kirchen immer etwas muffig werden lässt. Kirchen werden hier nicht als Hüllen einer kulturell bedeutenden Historie vorgestellt, sondern als sozialer Körper. Denn »Kirche« ist auch die Bezeichnung für die, die Teil der Kirche sind. Deshalb ist der »weiße Schimmel« mit Bedacht gewählt und die Doppelung in hohem Grade missverständlich. Denn

das Syntagma »Kulturkirche«, jene sprachliche Verdoppelung, lässt sich gleich doppelt falsch verstehen. Entweder als Differenzmarker gegenüber allen was Kirche ist. Dann geht es um die vielen »Kulturkirchen«, die landauf landab gerade von Politikern gern als neue öffentliche Räume gefordert und gepriesen werden: Kirchen als neue Bibliotheken, Verwaltungsgebäude, Museen oder Rathäuser, die als solche eben keine Kirchen mehr sind – so wie eine »Kulturbrauerei« eben keine Brauerei mehr ist und eine »Kulturscheune« keine Scheune. Oder »Kulturkirche« als Differenzmarker gegenüber allem, was »herkömmliche« Kirche ist. Also: »Kulturkirche« als die »bessere« Kirche, die das Signum »Kultur« als eine Auszeichnung missversteht und sich selbst gegenüber Kirchen, in denen »nur« ein mehr oder weniger reges, aber »normales« Gemeindeleben stattfindet, abgrenzen will. Allerdings: Wie wäre das »nur« und das »normal« dann im Kontrast zu etwas anderem zu bestimmen? Fungiert das Substantiv »Kultur« in Kulturkirchen dann wie ein Etikett, wie ein Gütesiegel, das eine Art Ranking zulässt? Würde dann ab einem bestimmten programmatischen Aufwand, ab einem bestimmten Niveau der Kantorei, ab einer bestimmten Güte des Kirchenraums »Kultur« an das Kirchenportal geschraubt, aus Messing und schön poliert? Und welche »Kultur« fällt denn unter diese Zertifizierung? Nur das, was allgemein immer noch unter »Hochkultur« verstanden wird? Nur das, was es ins regionale Feuilleton schafft? Oder gar das, was möglichst weit weg vom normalen Alltag einer Gemeinde führt, die mit Gottesdiensten und Konfirmandenarbeit, allerhand Kreisen, sozialem Engagement, Kindergarten und Altenheim schon ganz schön ausgelastet ist? Ist »Kultur« eine Art Bonus für die besseren Stadtviertel oder gar eine Abgrenzung derer, die sich als etwas Besseres fühlen?

Sicher nicht! – Jedenfalls nicht in diesem Buch. Denn alle Kirchen, die in diesem Buch vorgestellt werden, leben aus dem Zentrum des christlichen Gottesdienstes

»Nachspiele« bei den nächtlichen »PetriVisionen«, den etwas anderen Gottesdiensten in St. Petri zu Lübeck

und sind schon deswegen keine »besseren« Kirchen, weil sie letztlich und endlich nichts anderes machen und sind als eben dieses: Kirche. Gottesdiensträume. Auf die eine oder die andere, manchmal durchaus ungewöhnliche Weise. Aus demselben Grund eignen sie sich auch nicht als Museen oder Bibliotheken. Denn alle sind sie nach wie vor Orte des Ausdrucks lebendigen Glaubens. Deshalb sind dic Kamera auf dem Bauch und der kunstgeschichtliche Blick zwar erwünscht. Sie verhindern aber unter Umständen, dass das, was diese Kirchen zu Kulturkirchen macht, überhaupt wahrgenommen wird.

Diese Kirchen sind keine leeren, keine toten, keine alten Räume. Sie lassen sich nicht auf zweidimensionalen Bildern festhalten wie Illustrationen in einem kunstgeschichtlichen Führer und sie sind auch mehr als das, was ein Locationscout in ihnen findet. Sie wollen vielmehr Räume sein, die sich unserer Zeit bemächtigt haben und die von unserer Zeit, ihren Fragen und Sehnsüchten durchdrungen sind. Deshalb sind sie auch keine »coolen Locations«, die von ambitionierten Agenturen für Events der Sonderklasse gebucht werden, weil die Kulturschickeria die leeren Fabrikgebäude, die Straßenbahndepots und die Dorfruinen satt hat und dringend eine gesteigerte Raumerfahrung braucht. Zwar verwandeln sich manche der vorgestellten Kirchen durchaus auch einmal in solche ungewöhnlichen Veranstaltungsräume, die an sogenannte Eventagenturen, also professionelle Erlebnisverdichter, vermietet werden. Doch die Widmung der Gebäude bleibt gottesdienstlich. Die Gemeinde, die sich hier versammelt, entscheidet darüber, was in ihrem heiligen Raum stattfindet und was nicht. Sie hat Kriterien entwickelt und versucht, sich in ihren Entscheidungen treu zu bleiben, wenn es darum geht, künstlerische Ausdrucksformen und den Gottesdienstraum in ein gelingendes Verhältnis zu setzen.

Wie das geht, davon handelt dieses Buch: wie Kirchenräume durch die Musikformen der Gegenwart zum

Otto Sander zum Gedenken an Dietrich Bonhoeffer in der St. Matthäus-Kirche, Berlin-Tiergarten

Szenen aus Arthur Schnitzlers »Liebelei« in der »Kirche am Weg« in Dannenwalde, Brandenburg

Schwingen gebracht werden, wie Tanz und Theater den Raum neu erlebbar machen, wie sich eine Dorfkirche in einen Kinosaal verwandelt und sich dann doch in den laufenden Bildern Fragen des christlichen Glaubens so stellen, wie es eine Predigt nur ganz selten vermag, wie eine künstlerische Intervention die alten Tafelbilder zu irritierenden Gegenwartskommentaren verlockt, wie Literatur den sprachlichen Klischees zu Leibe rückt, die sich in den Gottesdienst und in die Sprache der Gläubigen eingeschlichen haben. Man könnte es vielleicht so sagen: Kulturkirchen sind Kirchen, die ihre kulturelle Dimension explizit machen, die den kulturellen Kontext, in dem sie stehen, sichtbar machen und die ihre kulturelle Ausdruckskraft mit den Mitteln der Gegenwartskultur hinterfragen. Sie sind Kulturkirchen, weil sie es sein wollen, weil sie in dieser Beschreibung einen Schwerpunkt ihres Selbstverständnisses sehen, und damit, indem sie sind, was sie sind, ganz beiläufig und ohne große Debatten das doppelte Missverständnis von der »ehemaligen« oder der »besseren« Kirche vom Tisch wischen. Ja: »Kulturkirche« bedeutet, dass Kirchen als Konzerthäuser, Tanz- und Lesesäle Kulturorte sind, die den Vergleich mit anderen Kulturinstitutionen nicht scheuen müssen. Aber: Sie bleiben Orte des lebendigen Glaubens. Und ja: Manche von ihnen heben den kulturellen Aspekt ihres Kircheseins in ihrer Arbeit noch einmal besonders hervor und finden darin ihre besondere geistliche Ausstrahlungskraft. Aber: Sie tun sich damit nicht hervor, sondern setzen das, was andere auch sind, nämlich Gottesdiensträume in kultureller Gestalt, nur noch einmal ins Licht.

Wenn es gut läuft, dann werden Kirchen in diesem Sinne zu »Kulturkirchen«, wenn sie zum Thema machen, was vieler Orten unthematisch bleibt: Kirche ist Teil von Kultur, aber eben in einem spezifischen, auf andere Kulturorte unverrechenbaren Sinne. Ohne eine theologische Bestimmung geht es nicht. In Kirchen steht die Gottesfrage im Mittelpunkt und in dieser

Frage wiederum die Frage nach dem Menschen, nach seiner Herkunft und seiner Zukunft, nach seinen Gewissheiten und seinen Zweifeln. Deshalb vollzieht sich in den kulturellen Experimenten in Kirchenräumen eine Achsendrehung gegenüber kulturellen Experimenten in anderen Räumen. Nicht, weil Kirchenräume, ob alt oder neu, aus sich selbst heraus heilig oder exponiert wären. Sie sind als besondere Orte gebaut und werden als solche wahrgenommen, weil sie eine Aufgabe haben: Der Suche nach Gott einen festen Ort zu geben, der sich in dem Moment zu einem heiligen Ort verwandelt, wo Menschen sich auf diesen Gott, der ihnen in Christus nahe kommt, ausrichten. Die Menschen, ihre innere und äußere Orientierung, ihre explizierten und impliziten Gedanken und Gebete machen Kirchen zu heiligen Räumen. Dieses evangelische Kirchenverständnis ist Grundlage für die Öffnung zur Kultur, in und mit der man lebt.

Es ist selbstverständlich in diesem Verständnis nie ausgeschlossen, dass sich Fragen nach dem Sinn der eigenen Existenz auch an ganz profanen Orten aufdrängen. Im Gegenteil. Gott braucht keine Kirchen. Aber Menschen brauchen sie. Sie sind fantastische Hilfskonstruktionen für den ablenkbaren, sich ins Diffuse verlierenden Geist und Sinn des Menschen, sich zu konzentrieren, ja, sich überhaupt als einen »Jemand« wahrzunehmen, der mehr und anderes ist als die Rollen, die er in seinem Alltag auszufüllen hat. Kirchenräume haben sich dieser Aufgabe verschrieben – als Räume des Unverfügbaren, in denen Menschen sich wieder als unverrechenbare Individuen erfahren. Kirchenräume sind Manifestationen der tiefen Überzeugung, dass auf die Frage nach der eigenen Existenz in Gott, der sich durch Christus menschlich gemacht hat, eine Antwort wartet. Das ist eine inhaltliche Bestimmung, die so fest wie die Grundmauern einer gotischen Kathedrale steht und gleichzeitig so viel Spielraum gibt wie die Raumerfahrung dieses Gebäudes.

Lesung mit Ulrich Wickert in der Hörspielkirche in Federow, Mecklenburg-Vorpommern

»Kultur ist der Spielraum der Freiheit.«, hat Dietrich Bonhoeffer einmal notiert. Ein Satz, der nur beim ersten Lesen wie ein heiterer Aphorismus klingt, denn Bonhoeffer hat auch das christliche Freiheitsverständnis im Sinn. Die Freiheit, die hier zum Ausdruck kommt, ist nicht einfach die Freiheit von allen Fesselungen und Festlegungen, sie ist im Gegenteil die Freiheit, die aus einer Festlegung erwächst: Dass nämlich der Mensch wahrhaft frei ist, der sich und sein Leben an Gott bindet und sein Leben im Horizont Gottes versteht. Unendlich sind die Möglichkeiten, tausendfach lässt sich die Frage ein wenig anders stellen, wie diese Bindung das vulgäre Freiheitsverständnis korrigiert, das als schlapper Rest des modernen Freiheitsverständnisses als »Freiheit von« überlebt. Kulturkirchen wollen auf ihre Weise die Herausforderung annehmen und einen Beitrag zur Deutung der Grundannahme leisten, dass in der Festlegung des christlichen Glaubens ein Freiheitsversprechen steckt, das Menschen heute die Angst vor der Freiheit nimmt. Das verbindet sie. Wie groß der Spielraum der Deutungen ist, das zeigt ihre Vielgestaltigkeit, die bis zum gestalteten Konflikt geht.

RISKANTE RÄUME

Nun könnte man mit Recht fragen, warum Kirchen sich denn in dieser Weise mit den Künsten der Gegenwart beschäftigen sollten. Haben sie nicht andere Sorgen? Wofür braucht es neue Kompositionen der Matthäuspassion, wenn die Passion von Bach die Kirchen im März und April rammelvoll werden lässt? Warum sollte vor dem Altar eine Kinoleinwand aufgezogen werden, wo doch die Kirchenbänke viel unbequemer sind als die roten Plüschsessel im Filmpalast um die Ecke? Warum sollen Tänzerinnen den Kirchenraum ausloten, wenn die Protestanten schon beim Friedensgruß aus Verlegenheit einen roten Kopf bekommen, weil so viel Körperlichkeit in der Kirche ungewohnt ist? Warum soll ein

Altarbild von Hermann Buß
in der Inselkirche auf Langeoog,
Niedersachsen

bildender Künstler den Christus über dem Altar auf den Kopf stellen? Das bringt doch nur Irritation und Ärger. Schließlich ist die Kirche ein Ort des Trostes und der Heimat. Außerdem gibt es soviel schreiendes Unrecht in der Welt. Sollte die Kirche sich nicht mit voller Kraft um die Ärmsten der Armen kümmern? »Konzentrieren Sie sich ausschließlich auf Ihren Markenkern« raten Unternehmensberatungen mit erhobenem Zeigefinger. Kirchenmitgliedschaftsuntersuchungen bestätigen diesen Hinweis. Doch was ist der »Kern«, wenn man auf das Markengerede verzichtet? Wenn die Künste in die Kirche einziehen sollen, um den verloren geglaubten Glamour der eigenen Religion zu kompensieren, dann würden Kulturkirchen tatsächlich zu Orten eines miesen Handels, bei dem alle verlieren. Die Künste müssten verlieren, weil sie in den geprägten Räumen des Christentums schneller verloren gehen als gedacht. Viele Künstler und Künstlerinnen wissen das: Will die Kunst sich in einem solchen sprechenden Raum behaupten, dann muss sie gut sein, das heißt: Sie muss sich in der ihr eigenen Freiheit mit dem Raum und seinen Bedeutungen auseinandersetzen.

Ein leichtes Spiel haben bei dieser Begegnung beide nicht, weder die Kunst noch die Kirche. Die Kirche ist nämlich weder eine Galerie noch ein White Cube noch ein Konzertsaal, sie ist kein neutralisierender Raum, der alle Konzentration auf das Kunstwerk richtet, ganz gleich, ob es als Bild oder als Musik daherkommt. Und die Kunst ist nicht die Rettung für eine sprachlos gewordene Institution, die sich nach neuer Sinnlichkeit, nach Erfahrungsrausch und der wohlwollenden Beachtung der Menschen sehnt. Kunst widersteht metaphysischen Ansprüchen, wenn sie sich selbst nicht mit unzulässigen Versprechen ausstattet. Sie verwandelt alles und jedes in Kunst. Das kann sie. An der Geschichte der Heilsversprechen ist die Kunst hingegen selbst gescheitert. Kulturkirchen sind deshalb keine kunstreligiösen Räume, eher schon eine Gestalt

gewordene Absage an die Vorstellung der Verschmelzung der Ansprüche. Kunst kann uns nicht von den Zumutungen des modernen Lebens erlösen, sie macht weder tiefsinniger noch glücklicher, jedenfalls nicht auf Dauer. Sie verwandelt die Welt in Kunst. Das macht sie unverzichtbar, nimmt ihr aber den subtilen Heiligenschein, den die moderne Design- und Verschönerungskultur mit ihren Hochglanzmagazinen und ihrer Neigung zu Blockbustern, Festivals und Großereignissen aufgesetzt hat. Die Künste lösen keine Gegenwelt versprechen ein, auch wenn sie für eine Weile in andere Sphären entführen. Sie stehen zu allem Überfluss wie die Kirchen mit beiden Beinen auf den Spielregeln und Bedingungen dieser Gesellschaft. Sie müssen sich auf dem Markt der Aufmerksamkeit ebenso behaupten wie mit ökonomischen Bedingungen klarkommen. Beide, Kirche und Künste, neigen dazu, ihr Angewiesensein auf diese schnöden Voraussetzungen zu verdrängen, weil es ihnen um Größeres und Höheres geht. Doch im Akt dieser Verdrängung liegen Tücken. Beide machen sich Illusionen über den anderen.

Dieser Reiseführer ist deshalb auch Zeugnis dafür, dass die Begegnung von Kunst und Kirche nie selbstverständlich wird. Sie ist und bleibt ein Risiko. Kulturkirchen sind deshalb riskante Räume, für die Kirche und für die Kultur. Der unsichtbare Bindestrich zwischen beiden Begriffen deutet auch auf eine Spannung. Das mag den einen oder die andere verschrecken. Aber ohne Risiko wird die Auslegungsenergie des Christentums an seiner eigenen Gewohnheit versiegen. Das gehört zum Kern, zur zentralen Aussage seiner Überlieferung. An diesem Kern mag sich jede Generation neu die Zähne ausbeißen, aber die Selbsthistorisierung des Christentums durch Festhalten an dem Gewohnten ist groß. Diese Einsicht soll nicht zu einem fahrlässigen Umgang mit dem kulturellen Erbe der Vergangenheit führen. Die meisten hier vorgestellten Kulturkirchen stellen nicht umsonst auch die Pflege des Alten, der

Jordi Savall im Konzert »Mare Nostrum – Musik vom Mittelmeer« mit Hespèrion XXI in St. Reinoldi, Dortmund

Tradition in den Mittelpunkt. Alte Musik und alte Kunst, alte Texte und alte Räume wollen gepflegt, sie wollen vor allem aber auch verstanden werden. Deshalb sind Kulturkirchen, die ihre Tradition lieben, auch Bildungsräume des Christentums. Sie nehmen den Auftrag ernst, dass die Zeichen der Alten gelesen werden können und müssen, damit ihre Schätze nicht stumm werden. Dafür braucht es mehr als guten Willen: Expertise, Leidenschaft und – horribile dictu: Geld. Kulturkirchen sind deshalb auch mahnende Orte, die die gesamte Kirche daran erinnern, dass ohne diese drei Güter auch das kulturelle Gedächtnis des Christentums verfällt und die Amnesie sich weiter ausbreitet. Denkmalpflege und Restauration, Archivierung und öffentliche Präsentation des Alten sind deshalb notwendige Begleiter einer Kirche, die weiß, woher sie kommt. Das gilt übrigens auch für das jüngere Erbe des 20. Jahrhunderts, das oft noch gar nicht als schützenswertes Vermächtnis anerkannt ist. Die lebendige Kraft, die lebensdienliche Dimension des Glaubens wird sich aber allmählich vor der Gegenwart verschließen, wenn nicht neue Medien, neue Formen, neue Sprachen ausprobiert werden. Wie hinter Glas kann die ehemals heilsame freiheitsstiftende Kraft des Glaubens bewundert werden. Nur berührbar ist nichts mehr. Aus Gläubigen werden Zuschauer.

Deshalb braucht die Kirche solche riskanten Räume, in denen der Glaube sich selbst neu riskiert. In gewisser Weise übernehmen Kulturkirchen dieses Risiko auch für die anderen Gemeinden, die dieses Wagnis aus guten oder weniger guten Gründen nicht eingehen wollen. Sie haben deshalb eine Stellvertretungsfunktion, die nicht hoch genug geschätzt werden kann. Da mag das eine oder andere Projekt in der Perspektive von Oberbürgermeisterinnen, Leserbriefschreibern oder Superintendentinnen auch mal über die Strenge schlagen, da mag es einen heißen Streit darüber geben, ob »so was« in »unserer Kirche« erlaubt sei. »Ja, ist uns denn nichts heilig?« – wird durchaus auch einmal gewütet.

Kirchenraum der Lutherkirche in Köln-Südstadt mit einem Wandbild von Christos Koutsouras und der Altarinstallation »Stabat mantica« von Rochus Aust

Im Detail müssen alle Beteiligten sorgsam mit diesen Konflikten umgehen. Doch wenn es diese Konflikte nicht gäbe, müsste man sie erfinden. Denn noch in der Entrüstung wird eine Frage gestellt, die sonst nicht mehr gestellt würde: »Ja, was ist uns denn heilig?« Und woran haben wir uns einfach nur gewöhnt? Wo liegt die Grenze zwischen bürgerlicher Wohlanständigkeit, die die Musik, den Raum und die Kunst als Zuckerguss auf unbefragter Restreligiosität verlangt und dem berechtigten Einspruch nach Einhaltung einer Grenze? Kulturkirchen sind riskante Räume und als solche können sie durchaus auch Konfliktverstärker sein. Sie machen auf unsichtbare Haarrisse im Zustand des – noch – Allgemeinchristlichen aufmerksam, sie erschüttern die Sicherheiten derer, die in den Fragen der Anderen nur eine Bedrohung sehen. Sie zwingen zum Nachdenken, zur Position, zur Formulierung. Kulturkirchen machen deshalb sichtbar, hörbar, spürbar, wenn sie die Gegenwartskünste in ihre Räume lassen. Denn Kunst macht genau das. Sie zeigt die ganz normale Welt der Gegenstände, der sozialen Gefüge, der politischen Verwirrungen und der existentiellen Abgründe wie durch ein Brennglas: verzerrt, verwandelt, unerbittlich, manchmal auch zum Kaputtlachen komisch, aber eben so, wie wir im Alltag die Dinge schon lange nicht mehr sehen oder nie sehen konnten.

Deshalb ist die Kunst keine Aneignungsform, die man auch lassen könnte, kein Luxus für ein paar privilegierte Christenmenschen, die gerne ins Museum gehen und auch von ihrer Kirche ein wenig kulturelle Dienstleistung verlangen. Die Künste sind die Form der Thematisierung der Welt, die der religiösen Thematisierung am nächsten kommt. Religion ist auf kulturellen Ausdruck angewiesen. Sonst bleibt sie leer und weltlos. Der christliche Glaube ist eine »Erfahrung mit der Erfahrung« hat der Theologe Eberhard Jüngel gesagt und damit genau diese Reflexivität beschrieben. Beide sind wahlverwandt, denn beide verwandeln die

stinknormale Welt, in der wir leben, sie machen sie auf andere Weise sichtbar – und zwar so, dass wir uns möglichst nicht ins Objektivieren entziehen können. Deshalb ist Reflexivität auch nicht mit Dauerdebatten, Diskursen oder Verlautbarungen gleichzusetzen. Reflexivität funktioniert sinnlich, unmittelbar, packend oder in Form einer Distanzierung, einer leichten Brechung, einer Irritation. Nur eines geht nicht: Die Botschaft des christlichen Glaubens verharrt nicht im Allgemeinen, sie trifft jeden Einzelnen in seiner Existenz. Die Künste treffen auf andere Weise. Sie dürfen unverbindlich in der Schwebe bleiben mit ihren Fragen und mit ihrem Potential der Verwandlung der Welt ins Ästhetische. Aber nur so, dass Menschen sich unmittelbar zu ihr verhalten müssen, zur Not, indem sie sich die Ohren zuhalten oder sich abwenden.

Wenn Künste und Kirche sich auf diese Weise bewusst zusammentun und auch mal einen Streit der Perspektiven riskieren, verstärken sie sich auf eigensinnige Art. Deshalb sind Kulturkirchen Räume, die nicht nur die christliche Überlieferung und ihre Darstellung in der Gegenwart fordern. Sie sind auch eine Herausforderung für die Künste, die in gewisser Weise selbst in einer Krise stecken. Ihre schöne Unverbindlichkeit, die die festgezurrten Dinge wieder in die Schwebe entlässt, ist zu einer Unverbindlichkeit geworden, in der Kunstmärkte, Händler, Jurys und Agenturen über die künstlerische Güte bestimmen. Die Künste sind ebenso schick wie beliebig geworden. Deshalb können Kirchen zur Herausforderung einer anderen Art der Verbindlichkeit werden, weil hier andere Gesetze gelten. »Meine Kunst darf wieder eine Aussage haben«, sagte erleichtert seufzend vor kurzem eine Künstlerin zur allgemeinen Irritation des kunstsinnigen Auditoriums. Nein, sie wollte keine Kreuze basteln, sie wollte keine Engel auf mit grobem Pinsel gezogenen Hintergrund malen. Sie wollte überhaupt nichts illustrieren. Sie wollte keine Bilder an den Wänden, vor denen Kirchgänger mit Kennermiene

Kinovorführung von Dror Zahavis Film »Alles für meinen Vater« und Installation »Engel zu Landow« von Timm Ohrt und Hille von Seggern in der Kulturkirche in Landow auf Rügen

auf- und abwanderten wie Besucher des Stadtmuseums. Das wäre falsch verstandene Unterwerfung unter den vermeintlichen Geschmack der normalen Gottesdienstbesucher, eine Unsitte, vor der auch Kulturkirchen nie sicher sind, weil auch Künstler und Künstlerinnen vor Klischees und Erwartungserwartungen nicht gefeit sind. In diesem Falle wollte die Künstlerin gezwungen werden, ihre Kunst mit dem Raum und seinen Grundaussagen in Beziehung zu setzen. Sie wollte, in aller künstlerischen Freiheit, mit sprachfähigen Christenmenschen über ihre Zentralsymbole diskutieren. Sie wollte etwas über die Geschichte des kleinen Einschussloches im Glockenturm wissen und über die Namen der jungen Männer auf der Bronzetafel rechts neben dem Portal. Dazu wollte sie keinen Kunstführer lesen. Sie wollte mit den alten Frauen sprechen, die sich in dieser Kirche versteckt hatten, als im April 1945 eine marodierende Bande das Dorf unsicher machte. Sie wollte künstlerische Freiheit, um auf sie zu verzichten, weil die Geschichten dieses Kirchenraums den vagen Raum der Möglichkeiten bestimmter machten. Die Gemeinde konnte der Künstlerin bei dieser Annäherung über die Schulter schauen. Allmählich änderte sich die Perspektive auf den eigenen Kirchenraum. Kleine Zeichen und Ritzen in den Bänken, kaum bemerkenswert, wurden plötzlich zu Hieroglyphen aus dem 20. Jahrhundert, in denen sich das Kreuz vor dem Altar mit dem Kreuz der alten Frauen verband, ohne dass überhaupt ein Kreuz zu sehen gewesen wäre. Ein gelungenes Beispiel dafür, dass Kulturkirchen Räume der Verwandlung und Räume der Bewegung sind.

Der Philosoph Hans Blumenberg hat einmal in seiner Annäherung an die Matthäuspassion von der »schönen Unbestimmtheit« zwischen Kunst und Religion geredet, die nichts mit der Unbestimmtheit zu tun hat, die die Begegnung beider beliebig macht, sondern im Gegenteil eine genaue Bestimmung ihrer Leistung ist: in der künstlerischen Zuwendung zur Welt Zugänge zum

Lebensmittelausgabe in der von Tobias Rehberger gestalteten Bergerkirche in Düsseldorf

Hip-Hop-Workshop-Präsentation in der »jugend-kultur-kirche sankt peter« in Frankfurt am Main

Religiösen entstehen zu lassen und umgekehrt im Religiösen ästhetische Zugänge zu öffnen. »Schön« ist diese Unbestimmtheit, weil sie einen Möglichkeitsraum öffnet, in dem die eigene Existenz aus den Fallen der Notwendigkeiten befreit ist und alles auch ganz anders sein könnte. Spätestens hier wird deutlich, dass Kulturkirchen ihr Selbstverständnis letztlich aus der Mitte des Gottesdienstes nehmen, wo dieser Raum der Verwandlung des Evangeliums von der freimachenden Gnade Gottes ins eigene Leben theologisch angelegt ist.

KULTUR FÜR ALLE!

Von dieser theologisch-ästhetischen Grundlegung her ist es auch zu verstehen, dass Kulturkirchen keine Kontrastfiguren zu den sogenannten Sozialkirchen sind, die in schwierigen Stadtbezirken eröffnet werden und ihrerseits einen Arbeitsschwerpunkt ausflaggen. Kultur versus Sozial-Diakonisches – diese Gegenüberstellung ist ein technokratisches Missverständnis, das leider überraschend resistent gegen Aufklärungen aller Art ist, nicht zuletzt in der kirchlichen Öffentlichkeit selbst. Dieses Reisebuch führt dann auch an Orte, in denen deutlich wird, wie beides zusammengeht, weil beides zusammengehört. Der Raum der Verwandlung ist ja nicht nur metaphorisch gemeint. Weil Künste in Bewegung setzen, weil sie Menschen aus der passiven Rolle der Beobachter herausholen, sind sie das geeignete Mittel, um gerade jene aus der Lethargie zu holen, denen Scham, mangelndes Selbstwertgefühl, mangelnde Bildung und mangelnde Gelegenheit den Zugang zu kulturellen Institutionen schwer machen. Wenn hier Kultur in Kirchen zuhause ist, dann so, dass sie Menschen ihre Stimme zurückgibt. Erst ist es nur eine Rolle in einem Theaterstück, dann ist es ein selbst geschriebener Rap und irgendwann vielleicht auch eine Stimme im politischen Sinn, weil Menschen ihr Leben selbst in die Hand nehmen wollen und sich auch buchstäblich in

Bewegung setzen, um aus dem Teufelskreis vererbter Armut und vererbter Resignation auszubrechen. Kultur ist auch ein Medium, das die Menschen, um die die Kirche sich kümmert, als Subjekte ernst nimmt – als Menschen, die ein Recht auf Ausdruck haben, so wie sie eine Möglichkeit zu einem anderen Leben haben. Anmut und Würde, Artikulationsvermögen und die Wahrnehmung des eigenen Körpers und der eigenen Lebenssituation gehören zusammen. Ausgrenzung, Segregation und Schamschwellen werden in der gegenwärtigen Kulturlandschaft oft leider eher befördert als abgebaut, oft gegen den Willen derer, die Kultur machen.

Das liegt nicht nur an überkommenen Vorstellungen, was Kultur ist und was nicht. Auch uneingestandene Sehnsüchte danach, sich von anderen zu unterscheiden, spielen hier eine Rolle. Kulturkirchen haben auch den Auftrag, das zu ändern. Deshalb haben in Kulturkirchen auch Kinder und Halbwüchsige Platz, Behinderte und Menschen, die ihr Erinnerungsvermögen verloren haben, Alte und Kranke. Kulturkirchen registrieren wach und schonungslos, wie unsere Gesellschaft sich ändert. Sie reflektieren den Kontext ihres Kircheseins nicht zuletzt so, dass sie sich zu anderen Religionen in Beziehung setzen. Es kommt deshalb nicht von ungefähr, dass Kulturkirchen auch Räume der Begegnung zwischen unterschiedlichen Christentümern, zwischen Judentum und Christentum, zwischen Islam und Christentum sind. Im Medium der Künste lassen sich Unterschiede und Gemeinsamkeiten, Ängste und Hoffnungen, Konflikte und Konsens oft leichter thematisieren als auf Podien und an runden Tischen. Wenn gilt, dass Kultur »Bedeutung im Werden« ist, dann sind Kulturkirchen auch Proberäume für eine andere Gesellschaft und eine andere Kirche.

Kinder- und Jugendorchester »Cookies« in der »Kultur- und Kinderkirche« in Eichstädt, Brandenburg

BADEN-WÜRTTEMBERG

CITYKIRCHE KONKORDIEN MANNHEIM

R3 3, 68161 Mannheim

1688 erster Gottesdienst in der von Kurfürst Karl geplanten Doppelkirche für die deutsch- und französischsprachigen reformierten Gemeinden
1689 erste Zerstörung im Pfälzischen Erbfolgekrieg
1717 Wiedereinweihung
1795 zweite Zerstörung in den Revolutionskriegen
1800 Wiedereinweihung
1821 Badische Union: frei werdendes Gebäude der französisch-reformierten Gemeinde wird Schulhaus
1893 barocke Ausgestaltung und Erhöhung des Turmes
1943 dritte Zerstörung
1952 Wiedereinweihung
2001 Beginn der Citykirchenarbeit
2010 Neugestaltung des Altarraums durch Madeleine Dietz

ST. MICHAEL SCHOPFHEIM

Ecke Wallstraße/ Konrad-von-Rötteln-Straße 79650 Schopfheim

– Platz mit alemanischen Steinplattengräbern
– Vorgängerbau aus dem 10. Jahrhundert
– Ursprungsbau aus dem 12. Jahrhundert
1479/82 erbaut, hoher Kirchturm war Teil der Stadtbefestigung
1557 Kirche wird evangelisch

Evangelische Stadtkirche Schopfheim, Wehrer Straße 5 79650 Schopfheim

1892 Weihe der Kirche

CITYKIRCHE KONKORDIEN MANNHEIM

In Mannheim, das ganz anders ist als das auf der anderen Rheinseite gelegene Ludwigshafen, wo der Grundriss der Stadt sich nicht klassisch anhand schlängelnder Straßen und Gassen zu Kirche und Marktplatz hin sondern schachbrettartig in Quadrate aufteilt, die konsequent durchnummeriert und -buchstabiert sind, steht in R 2 die in ihrer Außenhaut barocke Konkordienkirche. Die einstmals prachtvolle Kirche mit dem die ganze Stadt überragenden, 1893 errichteten Turm, wurde im Zweiten Weltkrieg fast völlig zerstört, in den 1950er Jahren aber wieder aufgebaut. Es ist ein sehr lichter Bau mit einem offenen, von Madeleine Dietz 2010 schlicht und wirkungsvoll gestalteten Altarraum und versteht sich seit 2001 als Citykirche mit einem dem Namen der Kirche (Concordia, lateinisch: Eintracht) alle Ehre gebenden Auftrag. Dieser begründete seinerzeit den Wunsch der Erbauer der ersten Kirche nach einem von allen christlichen Konfessionen genutzten Gotteshaus. Entsprechend predigten bei deren Weihe 1680 ein reformierter, ein lutherischer und ein katholischer Pfarrer. Die Geschichte hat die Kirche mehrfach zur Ruine werden und wieder neu erstehen lassen. Der Name aber hat sich erhalten – und das volltönende Geläut ruft zu den Gottesdiensten und in der Regel auch den Stundenschlag, wenn die Falken, deren gellender Ruf sich hier selbstverständlich in die Geräusche der Stadt mischt, nicht gerade Brutzeit oben im Turm haben.

Dass die Kirche heute dieser Mut machende spirituelle Mittelpunkt ist, ist nicht selbstverständlich. Noch Ende der 1990er Jahre war Konkordien trotz großer Tradition eine sterbende Gemeinde. Familien zog es an den grünen Stadtrand; die um die Kirche herum lebenden Menschen waren und sind vornehmlich Menschen mit Migrationshintergrund, in den seltensten Fällen evangelisch. Zurück blieben einige wenige Innenstadtenthusiasten und die Kirchenmusik, der der Abwärtstrend nichts anhaben konnte. War die Gemeinde noch zu retten? Die Erkenntnis, dass die Kirche zur Stadt und

LANDESKIRCHE
Evangelische Landeskirche in Baden
ÖFFNUNGSZEITEN
täglich tagsüber, teilweise nachts
PROGRAMM
Monatg bis Samstag 11.00–15.00 Uhr »Meditation und Gespräch«, Regelmäßige Führungen im Kirchengebäude und in Ausstellungen
Sonntag 19.00 Uhr Abendgebet im Turmsaal
GOTTESDIENST
Sonntags 11.00 Uhr
KONTAKT
Pfarrer Peter Annweiler, Pfarrerin Anne Ressel, Pfarrerin Ilka Sobottke
VERANSTALTER
Citykirche Konkordien,
R3 3,
68161 Mannheim
Telefon (0621) 24208
E-Mail CityKirchekonkordien@ekma.de
INTERNET
www.citykirche-konkordien.de

Mittendrin in der Dichte der Mannheimer Quadrate hat die Citykirchenarbeit neues Leben in die Konkordienkirche gebracht

ihren Menschen gehört und die Erfahrung anderer Citykirchen, dass man erfolgreich gegen ein Auseinanderfallen der Gesellschaft agieren kann, haben die Concordia in der Mitte Mannheims neu beflügelt. Dafür stehen drei eng miteinander verknüpfte Schwerpunkte. Dafür stehen drei Protagonisten. Die drei Schwerpunkte sind die diakonische, die kulturelle und die gemeinsame Arbeit mit anderen Konfessionen und Religionen der Stadt. Dafür ist die Citykirche offen. Jeden Tag. Oft auch nachts. Dafür bietet sie einen geschützten Raum für Begegnung und Gespräch, Meditation und Ruhe. Das ausliegende Faltblatt »Mit Gott reden ... aber wie?« macht mit Texten zum Nachdenken, Nachsprechen und Nachbeten hierfür unaufdringliche Hilfsangebote.

Menschen in Not zu unterstützen, ist eines der Hauptanliegen. Hierfür steht Anne Ressel mit der Vesperkirche und dem Generationenfrühstück. Im Winter öffnen sie und viele Helfer die Kirche vier Wochen lang als Wärmestube für Bedürftige. Kunst und Kultur sind das zweite Standbein der Citykirchenarbeit, denen sich Peter Annweiler verschrieben hat. Konzerte und Ausstellungen haben hier ebenso Raum wie Performances, Tanz, Theater und Lesungen. Die Neugier auf Experimentelles und die sich daraus ergebenden neuen Blickwinkel haben im Frühjahr 2011 beispielsweise eine Installation par excellence hierher gebracht: »Lamina Sacra – Heilig's Blechle«. Michael Volkmer hat hierfür in Konkordien traditionelle Architekturelemente und zeitgenössisches Interieur vereint und in einen neuen Kontext gestellt. Aus Zierblenden von Autorädern hat er Radfenster montiert, die wie gotische Rosetten anmuten. Sakrale Formen aus der Ästhetik des Alltags. Elemente des Konsums zweckbefreit für eine veränderte Bebilderung des Bewusstseins. So vermittelt sich das Anliegen spiritueller Erfahrbarkeit durch Kunst in unmittelbarer, durch Gottesdienst und Künstlergespräch begleiteter Form. Den Dialog mit anderen Konfessionen, Religionen oder weltanschaulichen Überzeugungen

SCHÖNER SCHEIN
Eine gotisch anmutende Rosette ziert die Altarwand. Ein österlicher Lichtakzent bringt sich ins Gespräch mit dem dominanten Kreuz des Kirchenraums. Dabei besteht das Ganze »nur« aus Kunstlicht und Autozubehör. Michael Volkmer bringt in seiner Installation »Lamina Sacra – Heilig's Blechle« den Kirchenraum in den Dialog mit der Alltagsästhetik des Konsums.

verantwortet Ilka Sobottke. Ausdruck dessen sind gemeinsame Veranstaltungen mit der Gesellschaft für Christlich-Jüdische Zusammenarbeit und der Christlich-Islamischen Gesellschaft und Diskussionsrunden in der eigenen Gemeinde – sei es mit Kindern oder Konfirmanden, im Kreis der Kantorei oder beim Gemeindefrühstück. Weil der Dialog mit anderen Religionen oder Konfessionen eine Definition der eigenen Identität voraussetzt, bietet sie im Verbund mit ihren Mitstreitern ein sogenanntes »Protestantismustraining« an, das viele Fragen stellt und viele auch beantworten kann.

Aus verschiedenen Führungen und Kooperationen mit benachbarten katholischen Gemeinden, mit Moscheen und der Synagoge der Stadt haben die Mannheimer eine Meile der Religionen entwickelt: »Neun Orte des Glaubens«. Diese Meile ist ein Eckstein zum Verständnis der Stadt und ihrer Bewohner. Sie ist ein Eckstein des lebendigen Miteinanders in der City und ihrer Citykirche Konkordien. ○

Die Citykirche Konkordien beteiligte sich an der »Langen Nacht der Museen 2011« mit der Installation »Lamina Sacra – Heilig's Blechle« von Michael Volkmer und dem Projektionstriptychon »Bird«.

Warum uns der Weg in südliche Gefilde ins Markgräflerland nach Schopfheim geführt hat, lässt sich nicht allein mit dem ländlichen Idyll begründen, in dem es sich – so sieht es der Großstädter aus dem Norden – mit gelassener schreitender Uhr und anregendem Wein gut und gerne leben lässt. Der Wein dieser Gegend jedenfalls, ein saftiger und doch leichter Gutedel, mag Anteil daran haben, dass Leben und Leute hier auf eine besonders schwingende und beschwingte Art erlebbar werden: über die Musik. Klopft man den musikalischen Aktionsradius der Schopfheimer ab, fällt einem über die Vielfalt der Angebote hinaus, die erfreulicherweise auch andere Gemeinden landauf landab kennzeichnen, erst einmal nichts Besonderes auf: die Gemeinde singt in frohlockender Vielfalt von Kindesbeinen bis ans Sterbebett, sie bläst ... und nicht nur der Kantor, aber vor allem er, schlägt die Orgeln der Gemeinde mit künstlerischer Kreativität und stimulierendem Geist. Stellt sich also die Frage: »War's das, macht das das kleine Schopfheim nennenswert?« Und die Bewohner des ältesten Ortes im Wiesenthal antworten im Chor: Ja, das ist's! Denn sobald der geneigte Besucher in den schmucken Ort mit dem klassizistischen Rathaus am Marktplatz und den beschaulichen Gassen samt traditionsreichen Gasthäusern hinein hört, klingen ihm die Ohren. Nicht nur sonntags. Also: Wo man singt, da lass dich fröhlich nieder ...

Das kaum zwanzigtausend Einwohner beherbergende Städtchen hat eine ungewöhnlich große und lebensfrohe Kantorei. Sie ist der übergemeindliche Chor der ganzen Region und singt regelmäßig in den Gottesdiensten. Einmal im Jahr versetzen die etwa einhundert Sängerinnen und Sänger aus allen Berufs- und Altersgruppen mit einem großen oratorischen Werk den ganzen Ort in klingenden Aufruhr. Dann flirrt schon Wochen vorher die Luft, damit sowohl vor als auch hinter den Kulissen alles klingt und gelingt. Ähnliches vollbringt der Pop- und Gospelchor »Resonance of Life«

LANDESKIRCHE
Evangelische Landeskirche in Baden
ÖFFNUNGSZEITEN
Stadtkirche:
Di bis Fr 9.00—16.00 Uhr
Alte Kirche St. Michael:
Mai bis September
Mo bis Fr 8.00—18.00 Uhr
PROGRAMM
Mai bis September, 14-tägig
»Musik zur Marktzeit«,
Donnerstags im Juli »Orgelsommer«,
zahlreiche Chorkonzerte
GOTTESDIENST
Sonntag 10.00 Uhr
KONTAKT
Evangelische Kirchengemeinde
Schopfheim, Pfarrbüro
Wehrer Straße 5
79650 Schopfheim
Telefon (07622) 4045
E-Mail info@ekischopfheim.de
VERANSTALTER
Evangelisches Bezirkskantorat
Wehrer Straße 5
79650 Schopfheim
Telefon (07622) 6848798
E-Mail bogon@ekischopfheim.de
INTERNET
www.ekima.info/schopfheim/stmichael
www.ekima.info/kirchenmusik/kantoratschopfheim

Auch er ist an der evangelischen Stadtkirche beheimatet. Die etwa achtzig swingenden und groovenden Schopfheimer Gospelsingers sind wie ihre singenden Geschwister aus der Kantorei in den Gottesdiensten präsent. Und wenn auch sie einmal im Jahr ein großes Konzert zusammen mit Band in der großen, 1892 geweihten Stadtkirche geben, platzt diese aus allen Nähten – mag das Halleluja hier auch ganz anders klingen als in der Händel-Fassung der Kantorei. Was tut's? Luthers Leitsatz: »... nichts auf Erden ist kräftiger, die Traurigen fröhlich, die Fröhlichen traurig, die Verzagten herzhaft zu machen, denn die Musik«, wird hier in Schopfheim beim Wort genommen und vielfältig zelebriert – neben den genannten Chören ebenso im quirligen Kinder- und Jugendchor wie in der »Camerata Vocale«, die konfessionsübergreifend das exquisite a cappella-Oeuvre pflegt. Müssen die Chormitglieder daheim Proben vorbereiten und sich mit Koloraturen und Grooves, mit dem Verstehen und Memorieren von Texten plagen,

Wahrzeichen der Stadt
die »Alte Kirche St. Michael«

kümmert sich der allerorten tatkräftige Kantor Christoph Bogon weiter um (s)eine vielfache Schlagfertigkeit: hier schlägt er den Takt, dort die Tasten. In den beiden evangelischen Kirchen des Städtchens, der Alten Kirche St. Michael in der Altstadt und in der neogotischen Stadtkirche stehen insgesamt vier Orgeln. Alle vier wollen gespielt sein. Christoph Bogon tut es mit Lust, hoher Professionalität und – im Verbund mit Kollegen aus aller Welt – regelmäßig im Schopfheimer Orgelsommer. Die Konzerte der regelmäßig stattfindenden Marktmusiken finden in der Alten Kirche St. Michael statt. In der heutigen Form lädt das mit seinem imposanten, weiß getünchten Turm in die Landschaft grüßende Gotteshaus seit 1482 zu Gottesdiensten. Zwei der Schopfheimer Orgeln erklingen hier unter dem prächtigen, das Kirchenschiff kraftvoll überspannenden Netzgewölbe. 1768 schuf der badische Orgelbauer Georg Markus Stein das Instrument auf der Westempore. 1828 baute Joseph Merklin die kleine Chororgel, die als besondere klangliche Kostbarkeit unter den historischen Orgeln in Baden gilt. In der großen Stadtkirche stehen die zur Weihe von Heinrich Voit & Söhne in Durlach erbaute Orgel, die wieder annähernd in ihren ursprünglichen Zustand zurückversetzt worden ist, sowie die 1988 von der Berliner Orgelbaufirma Schuke errichtete und 1998 nach einem Brand wieder restaurierte Chororgel.

Diese musikalische Vielfalt zum Klingen zu bringen, obliegt neben Christoph Bogon auch seinen vielseitig agierenden Mitstreitern, der Leiterin des Kinder- und Jugendchores Ines Stenger und dem Kollegen der blasenden Zunft, Rainer Böheim. Dass dies aber in der lebendigen Form möglich wird, wie es das mit dem Nachbarn wohlig unter einer Decke verbrachte Adventssingen in einer eigentlich vor Kälte klirrenden Kirche zeigt, hat noch einen anderen Grund: Hier bringen nicht nur die Eltern ihre Kinder – nein: hier bringen auch die Kinder ihre Eltern mit, um in das Gotteslob mit Leib und Seele einzustimmen: mit Gesang. ○

EIN MEKKA DER KIRCHENMUSIK
Die Kirchenmusik steht im Kirchenbezirk Markgräflerland traditionell im Mittelpunkt der gemeindlichen Veranstaltungen. Die Schopfheimer Kantorei, der Schopfheimer Kinder- und Jugendchor, die »Camerata Vocale« und der Gospelchor »Resonance of Life« haben hier ihr Zuhause. Seit 2002 ist Christoph Bogon Bezirkskantor des Kirchenbezirks Schopfheim, zuständig für die Region Schopfheim.

Aufwärmrunde beim Adventssingen

Impressionen vom Schopfheimer Adventssingen

Kantor und Kantorei in Aktion

BAYERN
Nürnberg
München
100 km

ST. LUKAS MÜNCHEN

Mariannenplatz, 80538 München

1893 Grundsteinlegung
1896 Einweihung
1932 größte evangelische Kirchenorgel Münchens
1943 Zerstörung der Glasgemälde
1946 neue Glasfenster im Altarraum
1966 Innenrenovierung
1971 »Die weinenden Frauen am Grabe Christi« sowie »Der Engel am Ostermorgen«, Reliefs aus Muschelkalk des Bildhauers Helmut Amman
1976 schützenswertes Kulturgut im Sinne der Haager Konvention
1998 Beginn der Sanierung
2001 Gründung des Vereins »Rettet St. Lukas«
2008/9 Neugestaltung von Süd- und Nordrosette durch den Glaskünstler Reiner John
2011 Abschluss der Außensanierung
2011 Radwegekirche

ST. EGIDIEN NÜRNBERG

Egidienplatz 12, 90403 Nürnberg

Um 1125 Bau einer Kapelle auf dem Königshof als königliche Eigenkirche
Um 1140 Kaiser Konrad III. übergibt Egidienkapelle (Euchariuskapelle) an Regensburger Schottenkloster
Um 1150 große Egidienkirche als romanische Klosterkirche errichtet
1345 Errichtung der Tetzelkapelle
1418 Klosterreform und Übernahme durch Benediktinerkloster aus Reichenbach (Oberpfalz)
1418/37 Renovierung der Kirche
1525 Reformation und evangelischer Gottesdienstraum
1526 ältestes humanistisches Gymnasium Deutschlands mit Hilfe von Philipp Melanchthon (Aegidianum)
1696 Brand zerstört Gebäudeanlage
1711 Wiederaufbau im barocken Stil unter Baumeister Gottlieb Trost
1945 Bombenangriff zerstört Kirche
1946/63 veränderter Wiederaufbau

Ob Kammerspiele oder Staatsoper, ob Alte Pinakothek oder FC Bayern – die bayrische Metropole steht für exklusive Aushängeschilder und zelebriert sich und ihre Kultur mit der epischen Eleganz südlicher Gefilde. »München leuchtete.« – Thomas Manns Eröffnung der Erzählung »Gladius Dei« offenbart treffsicher Charakter und Selbstbild einer Stadt, in der man sich fragt, ob da wohl noch Platz für das Experiment kirchlicher Kulturarbeit ist – und wenn ja: wo und welcher. Direkt an der Isar steht zwischen Ludwigsbrücke und Maximiliansbrücke die evangelisch-lutherische St.-Lukas-Kirche – von außen eine machtvolle Demonstration des Historismus. Innen, in diesem den Gestus vorreformatorischer Baustile wahrenden, gewaltigen Kirchenbau, pflegen protestantischer Glaube, Musik und Kunst der Moderne ein inspirierendes Miteinander.

Die Musik, die hier mit Kirchenmusikdirektor Gerd Kötter lange schon in den unmittelbaren Kontakt mit anderen Kunstformen getreten ist, ist – wie die bildende Kunst – auf der Suche nach lebendigen Begegnungen in St. Lukas – und damit auf der Suche nach dem Abbild zeitgenössischer Spiritualität. Die Projekte, die der Kunstausschuss gemeinsam mit Pfarrerin Beate Frankenberger auf der Basis eigener Akquise initiiert, folgen der Idee gegenseitiger Wahrnehmungsvertiefung: wo die Kirche Raum bietet, kann Kunst ihn nutzen. Wo die Kunst Räume aufnimmt und gestaltet, will die Kirche lernen und erfahren, was Kunst sie lehren kann. Erkenntnis durch Kunst. Welch uraltes und immer wieder neuen Gewinn einbringendes Spiel. Und: Welch schweres Spiel, bedenkt man, wie sich beide, Kirche und Kunst, immer wieder neu aufeinander einlassen müssen, um einander wahr und ernst zu nehmen.

St. Lukas zählt auf diesem Gebiet zu den einladenden Gemeinden mit klaren Prinzipien. Um den Kirchenraum nicht als austauschbaren Ausstellungsraum zu missbrauchen, entstehen alle Projekte im Dialog mit den eingeladenen Künstlern auf der Grundlage einer

LANDESKIRCHE
Evangelisch-Lutherische Kirche in Bayern
ÖFFNUNGSZEITEN
täglich 10.00—17.00 Uhr
PROGRAMM
»Lange Nacht der Musik«, »Lange Nacht der Museen«, »Tag des offenen Denkmals«, »Artionale« – Tage für neue Musik und Gegenwartskunst in evangelischen Kirchen Münchens, »Cantionale« – Kirchenmusikfest, Kunst- und Theaterprojekte, Konzerte
GOTTESDIENST
Sonntag 10.00 Uhr – mit Abendmahl, Donnerstag 22.00 Uhr – Nachtkirche, 1. Sonntag im Monat 18.00 Uhr – Thomasmesse, Gebetsecke für persönliche Andacht, »MiniMaxGottesdienst«, Familiengottesdienst, Gospelgottesdienst, Gottesdienst zum »Christopher Street Day«, Gottesdienst zum »Valentinstag«, Gottesdienst zum »Wies'n-Start«, Kunstgottesdienst, Kantatengottesdienst, Lyrikgottesdienst
VERANSTALTER
Evang.-luth. Pfarramt St. Lukas, Thierschstraße 28, 80538 München
Telefon (089) 2126860,
E-Mail pfarramt@sanktlukas.de
INTERNET
www.sanktlukas.de
AUSZEICHNUNGEN
2011 3. Preis »Grenzgänger«, Kulturpreis der EKD

Die evangelisch-lutherische Pfarrkirche St. Lukas, auch Lukaskirche genannt, wurde von 1893 bis 1896 nach Plänen von Albert Schmidt errichtet. Sie ist die einzige, fast vollständig erhaltene evangelische Pfarrkirche des Historismus in München.

dezidierten Auseinandersetzung mit dem Raum, mit seiner Funktion und Geschichte. Auch die Umgebung, das städtische Leben und der gesellschaftliche Wandel sind Thema der Ausstellungen hier in St. Lukas. Dabei verstehen sich die Vordenker und Macher als tief in ihrer Umgebung verwurzelt und fördern verstärkt, was ganz in ihrer Nähe diesen Kontext bereichern und befruchten kann. Allen voran Beate Frankenberger, die zeitlebens Kirche und Kunst in engem Kontext gedacht hat. Dass sie sich nach dem Abitur doch für Theologie und gegen Kunstgeschichte entschieden hat, bedeutet nicht, dass Interesse und Gespür seither gestorben sind und sie die Finger davon lässt. Im Gegenteil ...

Willkommen sind in St. Lukas Ein- und Aussichten ganz unterschiedlicher Art. »Rituale der Zukunft« etwa haben die Frage der Bedeutung althergebrachter wie kaum wahrgenommener Rituale auf ihre Dauerhaftigkeit und ihren Nährwert in der Zukunft befragt. »13 Verfahren zur Bearbeitung der Bibel« haben den praktischen Umgang mit dem Buch der Bücher ins Visier genommen. »Glaube, Liebe, Hoffnung« stand im Kontext von Zitaten und Collagen für eine Diskussionsstoff bietende Auseinandersetzung mit dem Hohelied aus dem Korintherbrief. Ganz eigene Spannung bargen auch die »Gewänder des Übergangs« von Lilo Rinkens – zwei Gewänder hingen in der Lukaskirche: das »Kleid des Untergangs« und das »Kleid des Sieges«. Kleidung wird zum rituellen Gewand und verändert den Menschen, seine Ausstrahlung und seine Wertigkeit. Gewänder verändern das Bewusstsein.

Das Prinzip der Sichtbarmachung durchdringt alle Projekte an St. Lukas und geht mit der Vielfalt spiritueller Erlebbarkeit Hand in Hand. Dabei stehen alle diese Projekte nie für sich. Nie wird St. Lukas zum Museum, zum Tempel der Kunst. Das Herz von St. Lukas schlägt in den Gottesdiensten – unabhängig von allen Bewegungen und Installationen des Raumes und in Gemeinsamkeit mit diesen. Das Hörbarmachen hat dabei im

KUNST UND MUSIK VON ZEITGENOSSEN

St. Lukas in München ist seit vielen Jahren eine der renommiertesten evangelischen Kirchen in Deutschland für zeitgenössische Kunst. Gesellschaftliche Fragen kritisch aufzunehmen und dies in Bezug zum Kirchenraum zu setzen ist das Ziel der Kunst in St. Lukas. Kirchenraum soll erfahrbar und spirituell erlebbar sein.
Dabei ist St. Lukas offen für alle Darstellungsformen bis hin zu Installationen und Performances.

Kirchenmusikdirektor Gerd Kötter lädt neben eigenen Konzerten zu einer viel beachteten Konzertreihe. Hier gastiert »The Chapel Choir of Queen's College Cambridge« in St. Lukas.

eingespielten und achtungsvollen Miteinander von Pfarrerin, Kantor und allen Mitstreitern die gleiche Bedeutung und fördert darüber hinaus diverse Grenzgänger-Projekte, die für Gerd Kötter elementarer Bestandteil seiner musikalischen Arbeit geworden sind. Hierfür geht er Kooperationen mit Theatern und Tanzcompagnien ein. Hierfür mutet er seinen Ensembles immer wieder neue Grenzen und neue Erfahrungen zu. Erfahrungen, die die Sänger näher zu sich selbst und in direkten Kontakt mit den Facetten der Musik und ihrem Raum bringen. Eine klassische Aufführung ist für Gerd Kötter nicht mehr vorstellbar. Performative Strukturen, Brechungen mit anderer Musik, mit Texten und Kunstwerken sind elementares Gut und Aushängeschild der Musik an St. Lukas. Auch hier verwirklichen sich – regelmäßig von Gottesdiensten begleitet – die Leitsätze der Gemeinde, mit denen sie ihre Besucher im Web willkommen heißt: Wir leben von Gottes Liebe. Wir nehmen die Bibel beim Wort. Wir lassen uns inspirieren. ○

Was den Bayern München, ist den Franken Nürnberg. Die Stadt mit der mächtigen Burg, mit den berühmten, nicht nur die Silhouette maßgeblich bestimmenden Kirchen St. Sebald und St. Lorenz und den großen Söhnen Veit Stoß, Adam Kraft, Albrecht Dürer, Hans Sachs, Peter Henlein und Johann Pachelbel, mit den Werken von Tilman Riemenschneider und Leonhard Lechner Athesinus ist das Abbild einer leuchtenden frühen Neuzeit, eines geradezu revolutionären Zeitalters der Reformation. Buchdruck und Bratwürstl, Lebkuchen und Christkindlmarkt, erste Eisenbahn, Faber-Bleistift und Tempo-Taschentuch haben hier ihre Heimat und locken alle Welt in die fränkische Metropole. Aber auch abseits der großen Wege erschließen sich Kostbarkeiten, die nicht einfach nur touristisch interessant sind, sondern ein Stück modernen Lebens in einer mittelalterlich geprägten Stadt ausstrahlen. Dazu gehört seit frühester Zeit der heilige Bildungsberg der Nürnberger – mit Kloster und Kirche St. Egidien, mit dem ersten deutschen Gymnasium und der späteren Universität. Dass sich Schola und Vita gar nicht ausschließen müssen, zeigen die ehemaligen Stadthäuser und Höfe und nicht zuletzt das reizvolle Tucherschloss – sie alle verbinden in neuer Funktion das mittelalterliche Image, das sie bis heute pflegen und erhalten, mit dem Puls der Zeit. Rund um den Egidienberg sind heute universitäre und kirchliche Einrichtungen und die meisten Nürnberger Gymnasien versammelt.

Dass die Egidienkirche in besonderer Weise zur Stadt und ihrer Kultur passt – und die Stadt mit ihren Facetten in St. Egidien ein Spiegelbild hat, offenbart sich, wenn man nicht nur mit den Augen in diese – für Nürnberg eher untypische – zwischen 1711 und 1718 erbaute, doppeltürmige Barockkirche tritt, die nach Kriegszerstörung heute wieder mit dem alten Stuckdekor und einem neuen Stichkappengewölbe mit darüber liegendem zweiten Gewölbe glänzt. Hier haben mit kluger Umsicht Pfarrer Heiner Weniger und mit

LANDESKIRCHE
Evangelisch-Lutherische Kirche in Bayern
ÖFFNUNGSZEITEN
Mo bis Fr 9.00—17.00 Uhr
PROGRAMM
Advents- und Weihnachtszeit »Krippenausstellung«, Ausstellungen und Konzerte
GOTTESDIENST
Sonntags 10.30 Uhr
KONTAKT
Pfarrer Heiner Weniger
VERANSTALTER
Innenstadtpfarramt, Burgstraße 1–3, 90403 Nürnberg
Telefon (09 11) 2 14 25 00
INTERNET
www.egidienkirche.de

forsch-sensibler Energie Kantorin Pia Praetorius einer Citykirche einen City-Charakter gegeben, der sich sehen und hören, schmecken und spüren lassen kann und im Verbund mit den anderen Gemeinden der Innenstadt mit einem ganz eigenen Profil aufwartet. Vieldeutig in Sprache, Bild und Text, vielstimmig in Partitur und Klang und dabei doch eindeutig in den Pointen, in der Zielsetzung und dem Anspruch, Orts-, Kunst-, Bildungs- und Musikgemeinde unter einem Dach zu vereinen, managen und bestellen die Egidien-Aktivisten ein weites Feld.

Für Pia Praetorius heißt das in erster Linie Aufführungen von Musik des Barock und der Moderne und mit der »schola cantorum nürnberg« eine dezidierte Aufbereitung der Musik der Renaissance. Einen weiteren Akzent setzt sie durch Aufführungen zeitgenössischer Kompositionen. Die bisher realisierten Programme reichen von einer bisher unedierten Nürnberger Chorbuchsammlung aus dem 16. Jahrhundert bis zu

Die mittelalterliche Kirche war eine zu Beginn des 12. Jahrhunderts neu errichtete Klosterkirche. Sie ging auf das von Regensburg aus gegründete Schottenkloster St. Egidien zurück. 1711 bis 1718 wurde auf den Überresten des Vorgängerbaus von Johann und Gottlieb Trost eine barocke Kirche neu errichtet. Es handelte sich dabei um das größte städtische Bauvorhaben im Nürnberg des 18. Jahrhunderts.

multimedialen Inszenierungen sowie einem Projekt mit Studenten der Medienhochschule aus Karlsruhe, das große Raumkompositionen zum Inhalt hatte.

Heiner Weniger obliegt gemeinsam mit dem Kulturausschuss St. Egidien, der unter anderem mit Heinz Neidel, dem ehemaligen Direktor des Instituts für moderne Kunst in Nürnberg, zusammen arbeitet, die künstlerisch-spirituelle Konzeption und Animation des Kirchenraumes. Die Umsicht, die er dabei walten lässt, liest sich immer wieder aus seinen Beiträgen im Magazin der Citykirche. Mit großem Wohlwollen und der Ermunterung zu unverstellter Lebendigkeit, mit der er etwa über den salomonischen Satz aus Prediger 3, 14 »Ein Mensch, der da isst und trinkt und hat guten Mut bei all seinen Mühen, das ist eine Gabe Gottes.« spricht, wahrt er das Gleichgewicht der Interessen und Notwendigkeiten und schafft damit immer neue Zugänge und Einsichten in den Glauben – sichtbar am »Angelus novus«, dem durch Walter Benjamin berühmt gewordenen Engel von Paul Klee, der als von Neumarkter Schülerinnen und Schülern in über zwei Meter großer, geschweißter Adaption die Kirche schmückt. Der Engel ist eine Besonderheit der Kirche – ebenso wie die spirituell-psychologische Gottesdienstreihe »Mit der Seele hören«, die tiefenpsychologisch orientierte Zugänge zu biblischen Geschichten und Motiven bietet und lebendige Resonanz in der persönlichen Lebenserfahrung ihrer Hörer sucht.

Für Heiner Weniger und alle Mitwirkenden am Projekt Citykirche ist St. Egidien ein großer Speicherplatz, ein weiter Raum für Gebete, Wünsche und Träume. Er ist ein Ort des Mutes – auch für die Ausstellung »Kunst trotz(t) Demenz«: Wenn sich Kunst mit dem Thema Demenz auseinandersetzt, werden Erfahrungen anschaulich, die sonst nur im Verborgenen liegen. Es entstehen Zeichen für ein Leben des Vergessens, die offen und nachdenklich machen – im Gespräch mit anderen wie mit sich selbst. ○

ATMOSPHÄRE DER ACHTSAMKEIT
Glaube – Wissen – Leben sind Schwerpunkte der Kulturkirche St. Egidien in Nürnberg.
Die Gottesdienstreihe »Mit der Seele hören« ist ein wesentlicher Bestandteil dessen.
Im Zusammenspiel von Wort, Musik und Stille entsteht eine Atmosphäre der Achtsamkeit, in der die existentielle Botschaft der biblischen Texte in der persönlichen Lebenserfahrung Resonanz finden kann.

Mit der »schola cantorum nürnberg« führt Pia Praetorius Werke aus den im Original erhaltenen Egidien-Chorbüchern auf, in denen Kantor Friedrich Lindner (1540 bis 1597) Kompositionen von berühmten Kollegen wie Leonhard Lechner Athesinus, Raphaela Aleotta und Hans Leo Hassler sammelte.

BERLIN

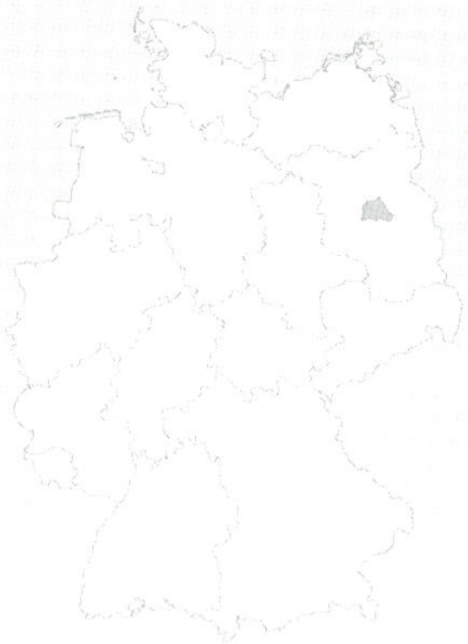

ST. MATTHÄUS-KIRCHE BERLIN-TIERGARTEN

Matthäikirchplatz, 10785 Berlin

1845/46 im neoromanischen Rundbogenstil nach Plänen von Friedrich August Stüler jenseits der Stadtmauern inmitten von Feldern und Gärten erbaut
Ende 19. Jh. entsteht um die Kirche ein Villenviertel, sie ist eine der bestbesuchtesten Kirchen Berlins
1931 Ordination Dietrich Bonhoeffers
1939 Abriss eines Teils der umliegenden Bebauung für die geplante Reichshauptstadt »Germania«
1945 Kriegszerstörung des Wohnviertels, Brand der Kirche
1956—60 Wiederaufbau der Kirche nach Plänen von Jürgen Emmerich (Rekonstruktion der Außenfassade, radikale Modernisierung des Innenraums), die Kirche steht seither innen und außen unter Denkmalschutz
1999 Trägerschaft durch die neu gegründete Kulturstiftung St. Matthäus

SOPHIEN-GEMEINDE BERLIN-MITTE

Große Hamburger Straße 29
10115 Berlin

31. August 1712 Stiftungsurkunde
1712/13 erbaut als Pfarrkirche der Spandauer Vorstadt, Patronat der Königin Sophie Louise
18. Juni 1713 Kirchweihe
1730—35 Turmbau
1770 zweites Emporengeschoss
1820 Sophiengemeinde wird zur Innenstadtgemeinde
1833 Sakristeianbau Südseite, Altar und Kanzel werden an die östliche Schmalseite verlegt und das zweite Emporengeschoss beseitigt
1892 gesonderter Altarraum wird geschaffen, die Raumdecke erhöht, eine Heizung eingebaut
1960—62 Innenrenovierung
1964 Martin Luther King predigt vor vollem Haus
Seit 2010 Bauerhaltung an Dach und Fassade

Die Berliner St. Matthäus-Kirche und das Berliner Kulturforum, auf dem sie steht, teilen eine wechselvolle Geschichte: Mitte des 19. Jahrhunderts jenseits der Stadtmauer inmitten von Feldern und Gärten nach Plänen des Schinkel-Schülers Friedrich August Stüler im neoromanischen Rundbogenstil erbaut, stand die Kirche seit der Gründerzeit in einem Villenviertel, das in den 1930er Jahren den architektonischen Großmachtfantasien der Nationalsozialisten und wenig später dem Zweiten Weltkrieg zum Opfer fiel. Bis in die späten 1950er Jahre hinein stand die Kirche, in der 1931 noch Dietrich Bonhoeffer ordiniert worden war, verwaist und als Kriegsruine auf dem Brachland nahe der Berliner Sektorengrenze. Nun sollte ihr eine exklusive Nachbarschaft zuwachsen: Ein neues Westberliner Kulturzentrum sollte hier als Pendant zur Ostberliner Museumsinsel entstehen. Als die St. Matthäus-Kirche 1960 – außen restauriert, innen modernisiert – wieder eingeweiht wurde, war der erste Spatenstich für das sogenannte »Kulturforum« bereits getan und das Ensemble aus Philharmonie (1963), Neuer Nationalgalerie (1968), Staatsbibliothek (1978), Kammermusiksaal (1988), Kupferstichkabinett (1994) und Gemäldegalerie (1998) im Werden.

Dass die St. Matthäus-Kirche – eine von fünf Citykirchen Berlins – vierzig Jahre später zur einzigen landeskirchlich beauftragten Kunst- und Kulturkirche Berlins werden würde, scheint in dieser besonderen Nachbarschaft nichts anderes als folgerichtig und war doch alles andere als selbstverständlich: Ein Stadtkloster, ein Bibelturm, ein Haus der Stille, gar ein Bürokomplex – in den 1980er Jahren hätte St. Matthäus vieles werden können, hätte sich die Stadt nicht gegen eine weitere Ausbreitung der Kirche auf dem Kulturforum gewehrt und wäre der Landeskirche nicht mit der Wiedervereinigung ein unerwarteter Finanzbedarf für die Kirchen im Brandenburger Umland zugewachsen. Außerdem lagen die Gesprächsfäden zwischen Kunst und Kirche

LANDESKIRCHE
Evangelische Kirche Berlin-Brandenburg-schlesische Oberlausitz
ÖFFNUNGSZEITEN
Di bis So 12.00—18.00 Uhr
PROGRAMM
wechselnde Kunstausstellungen (»Das andere Altarbild«),
letzter Donnerstag im Monat 18.00 Uhr »Christliche Bildbetrachtung« (Gemäldegalerie der Staatlichen Museen zu Berlin Stiftung Preußischer Kulturbesitz),
Konzerte mit Schwerpunkt Neue Musik
GOTTESDIENST
Sonntags 18.00 Uhr hORA-Gottesdienste mit wechselnden Predigerinnen und Predigern
Di bis So 12.30 Uhr Orgelandachten
KONTAKT
Christhard-Georg Neubert
VERANSTALTER
Stiftung St. Matthäus, Geschäftsstelle
Auguststraße 80
10117 Berlin-Mitte
E-Mail info@stiftung-stmatthaeus.de
INTERNET
www.stiftung-stmatthaeus.de

St. Matthäus-Kirche auf dem Berliner Kulturforum, im Vordergrund die Neue Nationalgalerie von Mies van der Rohe

auf dem Kulturforum – aller räumlichen Nähe zum Trotz – keineswegs offen zutage, hatte man sich doch beiderseitig daran gewöhnt, die jeweils eigenen Dinge nebeneinander zu tun. Mitten auf dem Kulturforum gelegen, war die St. Matthäus-Kirche für die umliegenden Kulturinstitutionen in einen toten Winkel geraten.

Das sollte sich freilich ändern. Denn 1999 übernahm die neu geschaffene landeskirchliche Kulturstiftung St. Matthaus die Trägerschaft der Kirche mit der Aufgabe, den Gesprächsfaden zwischen Kunst und Kirche wieder aufzunehmen und zu erneuern – nach außen mit Blick auf die Kulturinstitutionen, Galerien und Ateliers der Stadt, nach innen mit Blick auf die kulturelle Gestalt christlicher Verkündigung. In beide Richtungen lagen die Anknüpfungspunkte nahe: Denn während der christliche Gottesdienst in Wort, Klang und Bewegung gar nicht ohne künstlerische Ausdrucksformen vorstellbar ist, lassen sich die Meisterwerke der Gemäldegalerie oder die Festtagsmusiken der Philharmonie ohne theologischen Hintergrund zwar ästhetisch, aber eben nicht in der Fülle ihrer Dimensionen wahrnehmen. In diese Richtungen entwickelte die Stiftung daher auch ihre Projektreihen: »Das andere Altarbild« als Teil der regelmäßig wechselnden Ausstellungen zeitgenössischer Kunst im Kirchenraum und als Versuch, den Blicken der übergemeindlichen Gottesdienstgemeinde im Rahmen der »hORA«-Gottesdienste jeweils einen zeitgenössischen Zugang zu Themen des Glaubens zu eröffnen. Und die »Christliche Bildbetrachtung«, die als Kooperationsprojekt mit der Gemäldegalerie der Staatlichen Museen zu Berlin einmal im Monat das Gespräch zwischen Theologie und Kunstwissenschaft direkt vor einem ausgewählten Bild im Museum führt.

Dass sich dieses Gespräch auf vielen Ebenen nicht nur verstetigt, sondern Kreise bis weit über das Kulturforum hinaus gezogen und eine Fülle weiterer Projekte – darunter vor allem der Schwerpunkt Neue Musik mit Kantor Lothar Knappe, Predigtreihen, Publikationen

KUNST UND KIRCHE
»Die Kunst- und Bilderfreundlichkeit des protestantischen Kirchenraums wurde von Martin Luther und seinem Malerfreund Lucas Cranach etabliert. Die Chancen, die aus dieser Begegnung resultieren, lotet die Stiftung St. Matthäus in der St. Matthäus-Kirche mit einer Fülle von Kunstpräsentationen aus. Das kontinuierliche Gespräch mit Künstlerinnen und Künstlern gehört dabei ebenso dazu wie Ausstellungen, Konzerte, Lesungen, Kunstgottesdienste und Kooperationen mit Museen und Galerien.«
– Dr. Wolfgang Huber, Bischof a.D., über die Arbeit der Stiftung St. Matthäus

»Das andere Altarbild« von Christa Dichgans

Gemälde von Christa Dichgans im Kirchenraum der St. Matthäus-Kirche

Bischof Wolfgang Huber im Fernsehgottesdienst zum 100. Geburtstag Dietrich Bonhoeffers

und überregionale Ausstellungsprojekte – angestoßen hat, ist insbesondere der Beharrlichkeit des Stiftungsdirektors und Kunstbeauftragten der Landeskirche, Christhard-Georg Neubert, zu verdanken. Der hatte Ende der 1990er Jahre nicht nur die Idee und die Begeisterung für die Kunst mitgebracht, sondern – mit der nachhaltigen Unterstützung des damaligen Berliner Bischofs Wolfgang Huber – auch den langen Atem, eine landeskirchliche Stiftung privaten Rechts auf die Beine zu stellen, mit der es sich unabhängig von sinkenden Kirchensteuern – allerdings abhängig vom globalen Finanzmarkt – arbeiten lässt. Seiner Kirche sind seither nicht nur zu den Seiten, sondern auch in der Tiefe Wurzeln gewachsen, denen der israelische Künstler Micha Ullmann – wenn alles gut geht – ein bleibendes Sinnzeichen setzen wird: In den Kirchenboden eingelassene und mit rotem, israelischem Sand gefüllte Treppenstufen, die den Blick auf die kulturellen und theologischen Wurzeln der Kirche freigeben. □

SOPHIEN-GEMEINDE BERLIN-MITTE

Die Kirchengemeinde Sophien hängt nicht nur an der Sophienkirche, deren barocker Turm sich von allen Türmen der Berliner Mitte deutlich unterscheidet und imposant zwischen der Synagoge und den Hackeschen Höfen, zwischen der Museumsinsel und der Gedenkstätte Berliner Mauer täglich die Neugierde vieler Besucher auf sich zieht. Mitten in diesem Gebiet hat eine Großgemeinde mit fünf verschieden charakterisierten Kirchen ihren Platz, deren berühmteste die Sophienkirche ist. Ihre Grundsteinlegung fällt noch in die Regierungszeit Friedrichs I. von Preußen. Seine Frau Sophie Luise war von den Bewohnern des jungen Stadtteils gebeten worden, eine Kirche zu stiften. Als die Kirche geweiht wurde, war Sophie Luise in Depressionen gefallen. Niemand am Hof wollte von ihr etwas wissen. Lediglich die Einwohner erinnerten sich ihrer und nannten die Kirche gegen die offizielle Benamung schlicht Sophienkirche. Unter Friedrich II. erhielt die Sophienkirche auch offiziell diesen Namen.

Hier fließen die Fäden einer Gemeinde zusammen, die es sich 1999 zur Aufgabe gemacht hat, gemeinsam zu arbeiten, gemeinsam zu feiern, gemeinsam eine Gemeinde zu sein – mit allen individuellen Eigenheiten und Vorzügen der jeweiligen Standorte zwischen Friedrichstraße und Prenzlauer Berg. Dazu gehören neben der Sophienkirche die Golgathakirche, die mit dem Sprachenkonvikt eine der wichtigsten theologischen Ausbildungsstätten der DDR beherbergte, und die mit dem durchbrochenen Turmhelm imposant vom Berg grüßende Zionskirche. Dazu gehören aber ebenso die zwei vorwiegend kulturell genutzten Kirchen: die Schinkelkirche St. Elisabeth, in deren kriegszerstörtem Innenraum bis 1989 die Bäume höher wuchsen als um sie herum, und die Kirche St. Johannis Evangelist, die bis in die 1990er Jahre der Humboldt-Universität als Bibliothek und Archiv diente.

Die Hauptaufgabe dieser heterogenen Gemeinde im Zentrum Berlins besteht heute darin, die vielen in diese

LANDESKIRCHE
Evangelische Kirche Berlin-Brandenburg-schlesische Oberlausitz
ÖFFNUNGSZEITEN
täglich 13.00—18.00 Uhr
PROGRAMM
Konzerte, historische Führungen, Büchertisch
GOTTESDIENST
Sonntags 10.00 Uhr
KONTAKT
Pfarrerin Dr. Christina-M. Bammel
Sophienstraße 3, 10115 Berlin
Telefon (030) 30879212
VERANSTALTER
Kulturbüro Sophien GmbH
Thekla Wolff
E-Mail kultur@sophien.de
Telefon (030) 44043644
INTERNET
www.sophien.de

Gegend ziehenden Neuberliner in das Gemeindeleben zu integrieren und ihnen eine neue kirchliche Heimat zu geben. Seit der »Friedlichen Revolution« haben sich beinahe 90 Prozent der Gemeindeglieder ausgetauscht – dabei kommen die Neuen nicht etwa aus anderen Teilen der Stadt, sondern fast ausschließlich aus allen Teilen Deutschlands und Europas hierher, haben mittlerweile die Anzahl der Gemeindeglieder verdoppelt und muten den Alteingesessenen durchaus etwas zu. Verschiedenste Mentalitäten, verschiedenste Prägungen, Wünsche und Ansprüche treffen aufeinander. Verschiedenste Ideen, verschiedenste Talente und Tatendurst machen möglich, dass sich die gesamte Gemeinde entwickelt und kreativ mausert. Basis aller Aktivitäten im Wandel der Zeiten sind Strukturen, die seit langem das Gesicht der einzelnen Standorte prägen: neben drei Kindergärten die Christenlehre- und Konfirmandengruppen, aus denen eine sehr aktive und die Gemeinde fröhlich aufmischende Junge Gemeinde entspringt.

Der Turm der Sophienkirche ist der letzte original erhaltene barocke Kirchturm Berlins. Schon im 19. Jahrhundert wurde er wegen seiner gelungenen, schlanken Proportionen als Prunkstück der barocken Architektur Berlins gelobt. In der dicht besiedelten Spandauer Vorstadt besitzt die Kirche heute eine stadtbildprägende Wirkung.

Die St. Elisabeth Kirche (rechts) wird hauptsächlich für Kulturveranstaltungen genutzt und von der Kulturbüro Sophien GmbH betreut.

Die Alten sehen's mit Freude und treffen sich selbst in den verschiedensten, ihren Neigungen und Neugierden entsprechenden Gruppen.

Neben der Musik, für die die Kantorinnen und Kantoren der Gemeinden sorgen, und die unter anderem mit der Reihe »freitags um vier – 30 Minuten Orgelmusik zum Staunen«, initiiert von Jonas Sandmeier, einen phantasievollen wie exponierten, Junge wie Alte durch ein exzellentes »musikantisches« Profil einbindenden Fixpunkt hat, haben auch viele andere Künste in den verschiedenen Räumen von Sophien ein Zuhause. Diese Veranstaltungen werden seit 2003 vom Kulturbüro Sophien verantwortet. Einerseits managen hier Thekla Wolff und Isabel Schubert mit Übersicht die kulturelle Vielfalt in den gemeindeeigenen Räumen und verantworten damit auch einen in Berlin-Mitte nicht zu unterschätzenden Bedarf an programmatisch und künstlerisch individuellen Veranstaltungen, andererseits tragen sie damit zum Unterhalt aller Kirchen und Räume bei, die der Kirchengemeinde eine nicht geringe Last sind. Im Zusammenspiel mit vielen international renommierten Künstlern und Veranstaltern haben sich insbesondere St. Elisabeth-Kirche und Villa Elisabeth, St. Johannes-Evangelist-Kirche und Zionskirche zu exponierten Orten der Kultur entwickelt, in denen exzellente Projekte und Performances zur Aufführung gelangen. In enger Abstimmung mit dem Kulturausschuss der Gemeinde, der monatlich über die Veranstaltungen berät und mit dem Kulturbüro Sophien das Programm entscheidet, hat sich Sophien zu einer Adresse in Berlin entwickelt, die sich mit vielen professionellen Orten der Kultur messen kann – und dabei Dank ihrer programmatischen Individualität ihren Eigensinn in Sinn und Form aufrecht erhält. Christina-Maria Bammel, Pfarrerin an der Sophienkirche, fasst es zusammen: »Wo Freude an der Theologie ist, da entspringt auch Freude an der Kunst. Weil das in Sophien in der Luft liegt, kann unsere Gemeinde tief durchatmen.« ○

KULTUR IM KIEZ FÜR DIE GROSSSTADT
Die Sophiengemeinde ist eine Berliner Großgemeinde in der Mitte der Stadt im Spagat zwischen den Ansprüchen eines weltstädtischen Publikums und ihrer Gemeinde im Kiez – mit der Kultur als Bindeglied. Neben Kultur in vielerlei Facetten stehen immer wieder die Fragen des Lebens zwischen Himmel und Erde und ganz konkret vor Ort im Mittelpunkt – für Neugierige, Skeptiker, Suchende und Tramper auf dem Weg des Glaubens.

Eine rege Konzertkultur prägt das Leben in der Sophienkirche – viele Benefizkonzerte von internationalem Rang tragen zum Erhalt der Kirche bei.
Hier zu Gast: »Magic Lutes Project« – ein Konzert mit Perkussion, Gesang und sieben Lauten-Virtuosen aus China, Griechenland, Palästina, Ungarn, Weißrussland, Schweden und Deutschland

136
181
178
347
295
432

BRANDENBURG

KIRCHE AM WEG DANNENWALDE

Blumenower Straße 1
16775 Gransee-Dannenwalde

1821 als neugotische Patronatskirche der Familie von Waldow erbaut
Seit 1946 Besitz der evangelischen Kirchengemeinde Dannenwalde
1970er Jahre geschlossen
1994 Gründung des Förderkreises »Kultur und Kirche am Weg e.V.«
1997 bis 1998 Sanierung (Familie von Waldow und öffentliche Mittel)
1998 Wiedereinweihung, seitdem offene Kirche des Förderkreises

KULTUR- UND KINDERKIRCHE EICHSTÄDT

Am Eichenring, 16727 Oberkrämer
Ortsteil Eichstädt

Im 14. Jh. erbaute Feldsteinkirche
1784 Erweiterung und Umgestaltung, wenig später Turmrenovierung
1884 barocke Ausstattung
2004 Umbau zur Kultur- und Kinderkirche
2006 Nutzung als Kultur- und Kinderkirche

DORFKIRCHE SAXDORF

Hauptstraße, 04895 Saxdorf

1230 Backsteinkirche
1547 Zerstörung von Apsis, Dach und Turm
1585 Sanierung
Seit 1970 Restaurierung, Entdeckung von Frescomalereien, Aufstellung eines Schnitzaltars
1978 neue Kleinorgel, Erneuerung der Glockenanlage (von 1494)
1992 Gründung des Kulturvereins
2009/10 Renovierung
2011 Weihe der renovierten Orgel

Wer sich an heißen Ferientagen von Berlin aus in Richtung Ostsee auf den Weg macht und aufatmend durch birkengesäumte Kiefernwälder das märkische Hügelland durchquert, der kommt nach einer guten Stunde Fahrt direkt auf sie zu, verbeugt sich mit einer sanften Straßenbiegung und hat sie im Rückspiegel noch einmal wie von vorne: die Dannenwalder Kirche am Weg, deren heller achteckiger Ziegelbau mit Dachreiter in alle Richtungen gleich ansehnlich ist. Seit 1821 steht die kleine neugotische Kirche an dieser Stelle: zunächst als Patronatskirche auf dem Dorfanger in der Achse zwischen Gutshaus und Bahnhof, seit 1839 dann auch in der Beuge einer stetig ausgebauten Nordsüdverbindung. Sie hat in den Jahren nicht nur Reisende gesehen: Während des Zweiten Weltkrieges wurden in der Nähe Gefangene auf dem Weg ins wenige Kilometer nördlich gelegene Frauen-KZ Ravensbrück vorbeigezwungen. Später wurden sowjetische Offiziere mit ihren Familien jenseits der Bahnschienen angesiedelt. Heute sind es insbesondere motorisierte Ostseereisende und Radwanderer, durch die die kleine Kirche am Weg zu einem Schnittpunkt unterschiedlichster Wege und Richtungen wird.

Sie ist es auch in übertragenem Sinne. Denn in dieser Form würde es die Kirche nicht geben, hätten sich nicht an ihrem Ort sehr unterschiedliche biographische Linien im märkischen Sand geschnitten. Aus dem Westen: die ehemalige Patronatsfamilie von Waldow, die Mitte der 1940er Jahre enteignet und deren Gutshaus anschließend in eine Schule umgewandelt worden war. Aus dem Süden: Pfarrer Heinz Hoffmann, der als ehemaliger Leiter des Kunstdienstes der Evangelischen Kirche in Ostberlin mit befreundeten Künstlern mehr als einmal und je öfter desto zugewandter zu den Vorbeiziehenden gehört hatte. Und nicht zuletzt die Dannenwalder Familien, Winkelmann und Behrendt, die der Kirche auch während vierzig kümmerlicher sozialistischer Jahre – als einzige Gemeindemitglieder! – die

LANDESKIRCHE
Evangelische Kirche Berlin-Brandenburg-schlesische Oberlausitz
ÖFFNUNGSZEITEN
Mai bis Oktober
Di bis So 13.00—17.00 Uhr
PROGRAMM
Austellungen, Konzerte, Lesungen, Theateraufführungen, Führungen durch den Ort
KONTAKT
Dorothea Körner
VERANSTALTER
Dannenwalder Förderkreis Kultur und Kirche am Weg e.V.
Dorothea Körner
Finnländische Straße 12,
10439 Berlin
Telefon (030) 4456586
INTERNET
www.kirche-dannenwalde.de

Blick auf die Kirche am Weg in Dannenwalde und das Dannenwalder Gutshaus

Treue gehalten hatten. Sie trafen sich kurz nach der politischen Wende am Ort einer Ruine: Die roten Jahre hatten den märkischen Sand durch den Boden getrieben und es schien nur eine Frage der Zeit, bis der nächste Herbststurm auch dem Dach den Garaus machen würde. Es musste etwas getan werden, darin waren sich alle Parteien einig.

Allerdings: Was genau getan werden sollte und wie die Rekonstruktion vonstattengehen sollte, war nicht von vorneherein ausgemacht. Stand den ehemaligen Patronen eine vollständige Rekonstruktion des ursprünglichen Zustands vor Augen, liebäugelten die Berliner Kunstfreunde mit dem kargen Charme einer restaurierten, aber eben nicht polierten Kirche, die die Spuren ihrer eigenen Geschichte nicht verstecken würde. Man fand sich in dem Ziel, die ursprüngliche Nutzung der Kirche als Gotteshaus baulich und der Nutzung nach wiederherzustellen – allerdings in schlichter Gestalt und mit erweiterter Nutzung. Für den Theologen Heinz Hoffmann hieß das: Als ein Raum, in dem »gepredigt, erzählt, gespielt, getanzt, musiziert, ausgestellt, gegessen, getrunken, getauft, getraut und beerdigt« werden sollte. So jedenfalls wollte es das Statut des Förderkreises »Kultur und Kirche am Weg«, der seit 1995 in der noch unsanierten, aber immerhin aufgeräumten Kirche Ausstellungen, Konzerte und Gottesdienste veranstaltete. Der bekannte Meißener Liedermacher Gerhard Schöne machte den Anfang. Es folgten Ausstellungen mit Künstlern aus dem Umfeld des Berliner Kunstdienstes, Gottesdienste von Heinz Hoffmann und immer wieder die Erinnerung an Ravensbrück. »Kirche am Weg nach Ravensbrück« sollte die Kirche zwischendurch einmal heißen. Als sie 1998 nach ihrer Sanierung offiziell wieder eröffnet wurde, war sie bereits einige Jahre, was sie fürderhin sein wollte: Gotteshaus und Kulturraum – »Kultur« mit Heinz Hoffmann verstanden im Sinne von lateinisch colere: »Pflanzen, bauen, pflegen und bewahren«.

Das ist sie bis heute geblieben, auch nachdem Heinz Hoffmann die Leitung des Vereins 2006 abgegeben und die Theologin und Lektorin Dorothea Körner die Programmarbeit übernommen hatte. Noch immer spielt Ravensbrück eine tragende Rolle. Und noch immer sind es die vier Säulen Ausstellungen, Konzerte, Lesungen und Theater, auf denen das Programm der Kirche ruht. Indes: Der kreative Einzugsbereich hat sich geweitet, seit es eine Partnerschaft mit der Berliner Kunsthochschule Weißensee und der Universität der Künste gibt und verstärkt auch internationale Künstler eine Rolle spielen. Wenn es nach Dorothea Körner ginge, dürfte sich auch der Ort noch mehr am Leben seiner Kirche beteiligen. Dem hat die Kirche am Weg jedenfalls schon jetzt einen bleibenden Dienst erwiesen, als sich der Förderkreis 2006 gemeinsam mit anderen Ortsvereinen erfolgreich gegen eine bereits erfolgte Schließung des Dannenwalder Bahnhofs zur Wehr setzte. Ihrem Namen hat sie damit alle Ehre gemacht. □

DER WEG IST DAS ZIEL

»›Kultur und Kirche am Weg‹ – das bedeutet nicht eine fertige Kirche, die gelegentlich auch einmal anders genutzt wird, das bedeutet auch nicht einen Kulturraum, in dem gelegentlich Gottesdienste stattfinden dürfen. Vielmehr liegt in der Konzeption beschlossen: ›Der Weg ist das Ziel‹. An diesem Ort soll gepredigt und erzählt, gespielt und getanzt, musiziert und ausgestellt, gegessen und getrunken, getauft, getraut und beerdigt werden.« – Pfarrer Dr. Heinz Hoffmann, Gründer des Förderkreises »Kultur und Kirche am Weg e.V.« in der »Konzeption für die Kirche zu Dannenwalde« (1995).

Theater in der Dannenwalder Kirche: Szenen aus Arthur Schnitzlers »Liebelei« unter Regie von Heidi Wallier, 2010

Für Kinder müsste ein Dorfanger wie der im brandenburgischen Eichstädt eigentlich ein fabelhafter Spielplatz sein: Der weite Grünstreifen zwischen den Häuserzeilen des Straßendorfes käme als Spielwiese in Frage, die knorrigen Eichen und Linden als Kletterbäume. Im beschilften Dorfweiher ließe sich sicher ein Frosch fangen oder eine Ente erschrecken. Und die Kirche: Die wäre dann so etwas wie ein großes Versteck, ein Unterschlupf in allen Lebenslagen. Oder: Selbst ein Spielplatz – Lese- und Hörort für Geschichten aus fernen Ländern; ein Ort zum Musizieren und Theaterspielen. Allerdings: Auf die Kirchenbänke müsste man eventuell verzichten – vorausgesetzt die Erwachsenen machen mit …

In Eichstädt, einem kleinen Vierhundert-Seelen-Dorf nördlich von Berlin und südwestlich von Oranienburg, haben sie mitgemacht: Seit 2004 hat die kleine Feldsteinkirche aus dem 13. Jahrhundert mit dem barockisierten Innenraum tatsächlich keine Kirchenbänke mehr – und kann entsprechend frei genutzt werden: Unter dem Dach des Förderkreises »Kultur- und Kinderkirche Eichstädt e.V.« und unter der Schirmherrschaft von Kara Huber, Gattin des ehemaligen Berliner Bischofs Wolfgang Huber, finden hier Konzerte und Theateraufführungen, Lesungen, Vorträge und – zu Festtagen – Gottesdienste statt – vor allem aber: Musikunterricht für Kinder, mit dem alles angefangen hat.

Vierzig Blockflötenkinder pro Schulwoche waren es damals – vor der Vereinsgründung –, die mehr oder weniger regelmäßig bei der damaligen Kantorin Gisela Semper in die Eichstädter Kirche zum Blockflötenunterricht kamen. Chorkinder gab es auch. Gar ein Kindermusical. Ansonsten aber stand die Kirche mangels Kirchgängern leer. Und so lag die Idee nahe, die Kirche nunmehr ganz für musische Zwecke zu nutzen und den Raum dafür entsprechend umzugestalten: Der Raum wurde mit einer flexiblen Bestuhlung, einer Heizung und einer kleinen Teeküche ausgestattet und die

LANDESKIRCHE
Evangelische Kirche Berlin-Brandenburg-schlesische Oberlausitz
ÖFFNUNGSZEITEN
Ganzjährig, außer in den Ferien
Mo bis Fr nachmittags und abends
PROGRAMM
Konzerte, Gottesdienste und andere Veranstaltungen
GOTTESDIENST
Gründonnerstag: Tischabendmahl,
Pfingstmontag: Musikalischer Gottesdienst,
Ewigkeitssonntag, Christvesper,
Jahresabschlussgottesdienst
KONTAKT
Pfarrer Thomas Hellriegel
Lindenallee 20,
16727 Oberkrämer,
Ortsteil Vehlefanz
Telefon (03304) 500573
VERANSTALTER
Förderkreis Kultur- und Kinderkirche Eichstädt e.V., Geschäftsstelle
Marko Giese
Mittelstraße 42
16727 Velten
Telefon (03304) 522438
E-Mail kuki@kulturundkinderkirche.de
Telefon (07622) 6848798
INTERNET
www.kulturundkinderkirche.de
www.kirche-oberkraemer.de

»Kultur- und Kinderkirche« auf dem Eichstädter Dorfanger mit 2006 renoviertem Turm

Konzert des Kinder- und Jugendorchester »Cookies«

Empore für Instrumente und eine Sitzgruppe freigeräumt. Als das Berliner Musikerehepaar Robert und Silvia Bauer und die Kirchenmusikerin Sylvia Ohse Gisela Semper nachfolgten, erweiterte sich das Repertoire der Musikinstrumente: Zu Blockflöte und Chor kamen Schlagzeug und Blechblasinstrumente hinzu, später dann Saxophon, Querflöte, Gitarre , Geige und Bratsche. Mittlerweile ist dic Eichstädter »Kultur- und Kinderkirche« eine veritable Musikschule unterm Kirchendach mit einem Jugendorchester, das den sprechenden Namen »Cookies« trägt. Dass es dabei nicht blieb, liegt in der Dynamik des Ortes und am Engagement der Lehrerinnen und Lehrer. Denn die organisierten in den Folgejahren nicht nur Kinder- und Jugendkonzerte, sondern auch Konzertreihen wie die »Eichstädter Ohrenweide«, »TonArt« oder – etwas später der ehemalige Vereinsvorsitzende Wolfgang Sack – das »Eichstädter Musikfest«, die zwischen Folk, Jazz und Weltmusik ungewohnte Klänge – auch, aber nicht nur für Kinder – auf den Eichstädter Dorfanger brachten und die in den kommenden Jahren teils unter anderen Vorzeichen und in enger Zusammenarbeit mit der Kirchenmusikerin Sylvia Ohse weiterentwickelt werden sollen.

»Lasset die Kindlein zu mir kommen – denn sie bringen ihre Lehrer und Eltern mit!«, könnte man in diesem Sinne das Erfolgsrezept der Eichstädter Kulturkirche zusammenfassen. Denn was Kindern gefällt, gefällt irgendwann auch ihren Lehrern und Eltern. Und die sind am Ende diejenigen, die sich dem Ort, an dem ihre Kinder gut aufgehoben sind und musisch gebildet werden, verbunden fühlen. Und so hat sich in Eichstädt etwas entwickelt, was sich sonst nicht jeden Tag findet: Eine Kirche von Erwachsenen für Kinder, die als solche eben auch eine Kirche von Kindern für Erwachsene ist und schließlich auch: eine Kirche von Erwachsenen für Erwachsene. Als Kirche von Erwachsenen für Kinder ist sie die Kirche des Förderkreises »Kultur- und Kinderkirche«, der die musikalische Früherziehung der Kinder

RAUM DER BEGEGNUNG
»Stellen Sie sich vor, Sie öffnen eine Kirchentür und treten in einen Theatersaal, in eine Galerie, befinden sich in einem Konzert oder erleben Kinder, die Musik machen. Und dann merken Sie, dass Sie in einer Kirche sind …« – Der Förderkreis »Kultur- und Kinderkirche Eichstädt e.V.« versteht die über fünfhundertjährige »Kultur- und Kinderkirche« auf dem Eichstädter Dorfanger genau so: als kulturelles Zentrum des Ortes, als Begegnungsstätte über die Gemeindegrenzen hinaus und als Ort zur musikalischen Förderung von Kindern.

Konzert im Rahmen der »Eichstädter Ohrenweide«, Konzertreihe unter der Leitung von Robert Bauer, bei der Musik zwischen Jazz, Weltmusik und Klassik zu hören ist

im Kirchenraum koordiniert. Als Kirche von Kindern für Erwachsene ist sie die Kirche, in der Eltern und Bekannte ihren Kindern an Konzert- und Musicalabenden zuhören und einen fast vergessenen Raum wiederentdecken. Und als Kirche von Erwachsenen für Erwachsene ist sie ein Festivalort mit Konzert-, Erzähl- und Vortragsreihen, die in der ganzen Region wahrgenommen werden. Das strahlt auf den Ort aus, der die Kirche – unter anderem bei Vereins- und Familienfeiern – zunehmend als sein kulturelles Zentrum wahrnimmt.

Auch in diesem Sinne wäre der Dorfanger im brandenburgischen Eichstädt ein fabelhafter Spielplatz – nun aber für Kinder und Erwachsene: Der weite Grünstreifen käme als Fest- und Marktplatz in Frage. Und die Kirche als Musikschule, Konzert-, Erzähl- und Andachtsraum – kurz: als das kulturelle Zentrum des Ortes. Das wäre dann ein bisschen wie früher. Oder so wie heute. Jedenfalls wie in Eichstädt an der »Kultur- und Kinderkirche«. □

Das evangelische Pfarrhaus und der dazugehörige Pfarrgarten sind seit Luthers Zeiten eine – heute weitgehend vergessene – Tradition. Generationen von Pfarrern diente er als Lebensgrundlage und schöpfungstheologisches Inspiratorium. Als botanisches Laboratorium brachte er gar Botaniker im Talar hervor – und sicher auch: den einen oder anderen Sonntagsschläfer unterm Apfelbaum. Wer ihn heute – da sich Lebensmittel bequemer aus dem Regal pflücken lassen und Theologen in der Regel keine Pflanzenexperten mehr sind – im direkten Umfeld eines herkömmlichen Pfarrhauses sucht, wird beim Blick über die Hecke allenfalls noch etwas Rasen und ein paar Rabatten finden. Theologiestudenten mit dem Berufsziel Gärtner sei daher auf lange Sicht ein separater Schrebergarten empfohlen. Oder: Eine Pfarrstelle im südbrandenburgischen Örtchen Saxdorf im Elbe-Elster-Kreis unweit Bad Liebenwerda, wo sich die Tradition des Pfarrgartens bis auf den heutigen Tag erhalten hat.

»Erhalten« wäre dabei freilich nicht ganz das richtige Wort. Denn was sich heute in dem kleinen Zweihundert-Seelen-Ort Saxdorf als »Pfarrgarten« bestaunen lässt, geht weit über seine historischen Vorbilder hinaus. An die 3.000 Pflanzenarten und Gehölze – darunter Riesenmammutbäume, Palmen, Kakteen, altägyptische Rosenstöcke, sowie Blauglocken-, Taschentuch- und Schneeglöckchenbaum – sind es mittlerweile, seit sich Pfarrer Karl-Heinrich Zahn und der studierte Maler und Hobbygärtner Hanspeter Bethke 1967 hier zusammentaten. Bethke war gerade wegen eines Plattenneubaus samt Pflanzen und Setzlingen aus seinem Hallenser Schrebergarten vertrieben worden. Und Zahn hatte in Saxdorf gerade eine Pfarrstelle angetreten. Die Gelegenheit war günstig und der Pfarrgarten jämmerlich: Nicht mehr als ein paar umgestürzte Bäume, etwas ödes Grasland und ein paar herumliegende Feldsteine – mehr war es nicht, als die beiden begannen, kraft ihrer Passion und dem einen oder anderen guten Kontakt

LANDESKIRCHE
Evangelische Kirche in Mitteldeutschland
ÖFFNUNGSZEITEN
April bis Mitte Oktober
Mi, Sa, So 10.00—18.00 Uhr
und während der Konzerte
PROGRAMM
März bis Oktober
»Kunst- und Kultursommer«: Musik, Lesungen, Gartenfeste und Festgottesdienste, Höhepunkt: Rosen- und Bambusfest (Mitte Juni)
GOTTESDIENST
Festgottesdienste
KONTAKT
Pfarrer i.R. Karl-Heinrich Zahn
VERANSTALTER
Kunst- und Kultursommer Saxdorf e.V.,
Kirchengemeinde Saxdorf
Karl-Heinrich Zahn
Hauptstraße 5
04895 Saxdorf
Telefon (035341) 2152
E-Mail info@saxdorf.de
INTERNET
www.saxdorf.de

zur örtlichen LPG und dem Wörlitzer Park das Ödland zu bebauen. Heute, nach mehr als vierzig Jahren Gartenarbeit, lässt sich der Saxdorfer Pfarrgarten, zu dem mittlerweile auch ein Gewächshaus und (dank staatlicher Fördergelder) seit 1994 auch ein begrünter Konzert- und Galeriepavillon gehören, mit Fug und Recht als »botanischer Pfarrgarten« bezeichnen.

Dazwischen liegt die Zeit des Sammelns und des Säens: Aus dem Gartenreich Wörlitz bei Dessau, wo Hanspeter Bethke als Baurestaurator arbeitete, kamen unter anderem Binsenginster, Papiermaulbeerbäume und die rote Lenné-Magnolie; vom Potsdamer Staudenkönig Karl Förster ein Nachlass aus Dahlien und Einjahresblühern und von der »Europäischen Bambusgesellschaft« der Bambus, der in Saxdorf auf seine Winterfestigkeit getestet werden sollte. Säulenstücke und Sandstein zur Einfassung von Beeten und Steintröge für größere Pflanzen fand Pfarrer Zahn auf den umliegenden Müllkippen. Nichts wäre geworden, hätte

Saxdorfer Kirche mit Konzertbesuchern des Saxdorfer Musiksommers

Engelsfigur im Saxdorfer Pfarrgarten

es nicht ahnungslose Verschwender und wohlgesonnene Spender gegeben. Und nichts wäre geworden, hätten Gärtner und Pfarrer in allem Machen und Tun nicht auch die Kunst des Wartens beherrscht. Gärtnern heißt Werden lassen. Und das heißt trotz aller Voraussicht: Die Dinge nehmen wie sie kommen. Frost und Hitze. Wind und Wetter. Ein Garten ist Teil des immer wiederkehrenden Wechselspiels des Jahres und lebt doch vom Unvorhersehbaren. Und so ist es trotz aller Kenntnis jedes Jahr ein kleines Wunder, wenn die Mühen des Frühjahrs im Sommer Früchte tragen. Dann wird gefeiert: Traditionell im Juni das Rosenfest. Und im August das Bambusfest. Seit 2011 ist es das Rosen- und Bambusfest Mitte Juni.

Es ist dies der Höhepunkt des Saxdorfer »Kunst- und Kultursommers«, der bereits seit Ende der 1970er Jahre und seit 1994 unter dem Dach eines Vereins alljährlich von April bis Oktober Gäste aus der Region und bis weit darüber hinaus zu Klassik und Klezmer, Puppenspiel und Poesie im Saxdorfer Garten versammelt. Genauer: In der beinahe 800jährigen kleinen Backsteinkirche am Rande des Pfarrgartens. Wenn sich dort die Kirchenbänke füllen und – während die Hörer angesichts der erst vor etwas mehr als dreißig Jahren von Hanspeter Bethke wiederentdeckten Frescomalereien noch mit dem Sehen beschäftigt sind – vor dem mittelalterlichen Schnitzaltar die Vorstellung beginnt, dann lebt das kleine Ensemble: Der Garten, in dem im Verweilen Wort und Klang nachklingen können; der begrünte Galeriepavillon, in dem es bei Café und Kuchen auch die Bilder des Maler-Gärtners Hanspeter Bethke zu sehen gibt; und die Kirche, die – wein- und rosenberankt – selbst zu einem Schmuckstück des Pfarrgartens geworden ist. Alle drei gehören in Saxdorf zusammen: Der Garten und die Kunst, die im Erscheinen von Farben und Formen ihre Gemeinsamkeit haben. Und beide mit der Kirche, in der in Wort und Klang die Seelenruhe zu Hause ist. □

KIRCHE, GARTEN, GALERIE
Der Saxdorfer Pfarrgarten versteht sich als Gesamtkunstwerk aus Kirche, Garten und Galerie – als »Kunst, die KUNDE gibt«: Kunde von der Baukunst der Vorfahren in der fast achthundertjährigen Kirche, Kunde vom Evangelium, der Verkündigung der frohen Botschaft, Kunde vom Wachsen und Gedeihen und den Wundern der Natur und Kunde von den Klängen und Tonschöpfungen aller Zeiten.

Blick von der Empore während des Konzertes »Musik aus Luft und Wasser – von Japan nach Saxdorf« mit Beate Gatscha, Gert Anklam, Karin Nakagawa aus Yokohama mit seltenen japanischen Instrumenten im Juli 2011

Karin Nakagawa mit japanischem Instrument

Blick in den Saxdorfer Pfarrgarten

BREMEN

KULTURKIRCHE ST. STEPHANI

Stephanikirchhof, 28195 Bremen

1050 von Erzbischof Adalbert I. auf dem Steffensberg, eine Bremer Düne vor den Toren der Stadt, gegründet
1139 von Erzbischof Adalbert II. zur Stifts- und Pfarrkirche erhoben
Im 13. Jh. musste die Kirche nach einem Brand erneuert werden
Ende 14. Jh. wurde sie zur Hallenkirche umgebaut
Seit 1856 prägt der schlanke neugotische Südturm der Kirche die Silhouette der Stadt
1933—1945 widersetzte sich die Gemeinde dem Nationalsozialismus und den Eingriffen der Deutschen Christen
1944 starke Beschädigungen bei Bombenangriffen, südliches Hallenschiff nicht wiederhergestellt, nördliches Hallenschiff vom Mittelschiff abgetrennt und als Gemeindekirche wieder instandgesetzt
1947—1959 Neuaufbau des Mittelschiffes, Rückwandlung der östlichen Seitenschiffjoche zum Querhaus, Südturm mit einfacherer Spitze wiederhergestellt
Seit 2007 Kulturkirche St. Stephani Bremen

Die Freie Hansestadt Bremen hat sich im Laufe ihrer Geschichte eine in ihrer Vielfalt und Schönheit beneidenswerte Zahl von Kirchen gebaut. Bis heute ist der Stolz über dieses reiche baukünstlerische Erbe ungebrochen. Diese Vielfalt ist aber auch eine Last. Welche Gemeinde schafft noch aus eigener Kraft den Erhalt ihres Gebäudes? Welche Gemeinde vermag ihrer Kirche das Leben einzuhauchen, das diesen Erhalt rechtfertigt und trägt? »Vertraut den neuen Wegen«, heißt es in einem Lied von 1989. Klaus-Peter Hertzsch hat in diesem Lied viele Hoffnungen aus- und viel Mut zugesprochen, der in den verschiedensten Lebensphasen und für die unterschiedlichsten Lebensprojekte vonnöten ist. Es ist gewiss auch oftmals in St. Stephani erklungen und könnte fraglos über diesem Projekt Kulturkirche St. Stephani der Bremischen Evangelischen Kirche stehen. Wer braucht inmitten einer kulturell hoch ambitionierten Stadt eine Kulturkirche? Wer will sich, umgeben von Kultur, einen weiteren Kulturtempel leisten? Die Bremer tun es. Und sie tun es mit Erfolg! Dabei geht es nicht einfach um einen weiteren Ort für die Kultur. Dabei geht es um eine Wieder- und Neubelebung der Nähe zwischen der Kirche und den Künsten. Zwischen der Theologie und ihren Schwestern, die der Erfahrbarkeit des Glaubens und der Erkenntnis theologischer Ratio im Hier und Heute lebendig aufhelfen.

Die Bremer sind in Sachen Kulturkirche per definitionem nicht die Ersten. Dennoch haben sie eine bundesweit ausstrahlende Vorreiterrolle in der Form und der Nachhaltigkeit ihrer 2007 aufgenommenen Arbeit. Wie immer wirken daran viele mit. Wie immer gibt es aber auch einen, dessen Visionen und kreative Ideen verbunden mit einer klugen praktisch-vernetzenden Hand bahnbrechend für den Erfolg derartig komplexer Unternehmungen sind. Hierfür steht Louis-Ferdinand von Zobeltitz. Er, dessen ästhetischer Geschmack nach eigener Aussage maßgeblich durch seine Frau, dessen Liebe zur Literatur stark durch seine Mutter geprägt

LANDESKIRCHE
Bremische Evangelische Kirche
ÖFFNUNGSZEITEN
Di bis So 11.00—18.00 Uhr
PROGRAMM
Ausstellungen, Konzerte, Vorträge, Workshops, Lesungen, Feste, Theaterpredigt, Projektchöre, Bremer Kantorei
GOTTESDIENST
3. Sonntag 18.00 Uhr
Kulturgottesdienst
KONTAKT
Pastor Achim Kunze
VERANSTALTER
Kulturkirche St. Stephani Bremen,
Stephanikirchhof 8,
28195 Bremen,
Telefon (0421) 3032294
E-Mail info@kulturkirche-bremen.de
INTERNET
www.kulturkirche-bremen.de
AUSZEICHNUNGEN
2009 »Grenzgänger«,
Kulturpreis der EKD

Kulturkirche St. Stephani –
Blick von Norden

Vernissage der Videoinstallation
»Irrlichter« von Jean-François Guiton

wurde, hat das Projekt St. Stephani in den Anfangsjahren maßgeblich vorangebracht. Allein mit dem Anspruch, dass jede Predigt eine literarische Kleinkunst sein müsse, hat er erwirkt, dass man in St. Stephani die Predigt nicht mehr der Länge nach ertragen sondern der Tiefe nach genossen hat. Maßgeblich dazu beigetragen haben die Theaterpredigten in Kooperation mit dem Theater Bremen. Derartig inspirierende und Neuland auslotende Gottesdienste haben Louis-Ferdinand von Zobeltitz und St. Stephani 2009 den Kulturpreis der EKD, den »Grenzgänger«, eingebracht.

Neben diesem Schwerpunkt haben seit Anbeginn Musik und bildende Kunst ihre Räume der Begegnung und des Erprobens in der am westlichen Ende der bremischen Altstadt gelegenen Pfarrkirche gefunden. Der heutige, aus dem 14. Jahrhundert stammende Bau, der mit seinem von 1856 stammenden, schlanken neugotischen Südturm die Silhouette der Stadt mit bestimmt, hat stark unter Kriegseinwirkung gelitten. Wenig ist von der ursprünglichen Ausstattung übrig geblieben. Dieser so entstandene Leerraum ist Freiraum für Ausstellungen wie die äußerst eindrückliche, aus über hundert Tonnen Sand entstandene Installation »Geld wie Sand« – einer monumentalen Sandpyramide direkt in der Vierung, die durch das leicht bewegliche Element Sand zu einem sich ständig verändernden Ort der Aktion und Kontemplation wurde. Auch die Ausstellung »Himmel und Hölle heute«, die die Besucher mit Sätzen wie »Such Frieden mit der Hölle in Dir.« konfrontierte, war zweifellos Höhepunkt weit über das Umfeld von St. Stephani hinaus.

Dieser Raum ist auch das Zuhause des 1884 gegründeten St.-Stephani-Chores gewesen. Aus dieser Tradition erwuchs die heutige Bremer Kantorei St. Stephani – ein moderner, leistungsfähiger Konzert- und Kirchenchor. Zu verdanken haben die Bremer dieses musikalische Juwel Kantor Tim Günther, der seit 2007 die Geschicke in der Hand und mit Aufführungen wie »Canto

IRRLICHTER
Videoinstallation »Irrlichter« von Jean-François Guiton (Dezember 2010 bis Januar 2011). In einer Endlosschleife drehten sich die Fenster der Kirche als Projektion an allen Wänden – dazu der Klang einer ganzen Stadt ineinandergemischt zu einem scheinbar unerträglichen Geräusch.
Irrlichter in der Adventszeit und ohrenbetäubender Lärm – genau das erwarten Besucher in einer Kirche nicht, schon gar nicht in der Vorweihnachtszeit. Als man die Kirche verließ, erklang die Stadt als Ort der Stille – welch eine Erfahrung.

General« von Pablo Neruda und Mikis Theodorakis oder dem Programm zu »Arbeit und Gerechtigkeit« in eine neue Ära geführt hat. Er steht für ein musikalisches Verständnis, das Musik im Kontext künstlerischer Vielfalt begreift und immer wieder den Dialog mit anderen Künsten sucht.

Mit Achim Kunze hat 2010 ein Pastor die Geschicke der Kulturkirche St. Stephani übernommen, der sich in diesem Anliegen mit Tim Günther eins weiß. Achim Kunze zieht die Künste in die Kirche. Er wünscht und erwartet ihre Mithilfe auf der Suche nach lebendiger Spiritualität der Zeit. Er regt an. Und er lässt sich anregen wie beispielsweise von der eindrücklichen Videoinstallation »Irrlichter« von Jean-François Guiton, die St. Stephani mit ihren eigenen, irrlichternden Fenstern des Hauptschiffes in einen spirituellen Ort des Übergangs verwandelte. Eine scheinbare Entfremdung, die den Besuchern das Haus Gottes auf eine neue Art und Weise kostbar gemacht hat. ○

Videoinstallation »Irrlichter« von Jean-François Guiton

HAMBURG

KULTURKIRCHE ALTONA, HAMBURG

Max-Brauer-Allee 199
22765 Hamburg

1867 Baubeginn durch Baumeister Johannes Otzen
1873 Fertigstellung und Einweihung
1956/57 Reparatur von Kriegsschäden
1963/65 Renovierung und Umgestaltung
1992 Instandsetzung und Umbau
1994 Brand des Turms und der Orgel
1998 Fenstergestaltung von Eu Nim Ro
1998 Einweihung der neuen Kuhn-Orgel
1999 Start der Kulturkirche Altona
2011 Kulturelles Eigenprogramm der Kulturkirche Altona GmbH

KULTURKIRCHE ALTONA, HAMBURG

Hamburg ist nicht irgendeine Stadt. In Hamburg wohnt man nicht als Zwischenlösung. Hamburg ist für viele Menschen eine der schönsten Städte überhaupt. Hanseatisches Weltverständnis und eine sturmerprobte, von großer Gelassenheit geprägte Atmosphäre, die scharfzüngig zwinkernd mit Poetry Slam und Wolf Biermann, weltmännisch mit Helmut Schmidt und Klaus von Dohnanyi, wortgewandt mit Siegfried Lenz und Ralph Giordano und sowohl non established since 1910 mit dem FC St. Pauli für die Straßenkickerseele als auch dem Urgestein der Bundesliga, Uwe Seelers HSV, daher kommt, stiften die Aura einer besonderen Stadt. Eines Tores zur Welt. Hier steht die St. Johanniskirche, hier steht die Kulturkirche Altona.

Altona ist ein sehr gemischtes Wohnviertel. Lange schon agieren hier die verschiedensten Lebenskonzepte nebeneinander. Lange schon durchweht Veränderung das Viertel – kulturell und sozial. Der weithin sichtbare Turm der 1873 geweihten St. Johanniskirche steht inmitten des Viertels wie ein Fels in der Brandung. Er ist Anziehungs- wie Ausgangspunkt. An ihm orientieren sich die Altonaer wie an einem Leuchtturm. Dabei hat die Kirche selbst eine sehr wechselvolle Geschichte hinter sich – jahrzehntelang diente sie als Garnisonskirche, während des Nationalsozialismus frönten hier die Deutschen Christen ihrer Gesinnung. Nach 1945 suchte man mit eher geringem Erfolg der Kirche ein neues Gesicht zu geben. Eine Brandstiftung 1994 zwang schließlich zu erneuter, umfassender Sanierung und brachte seinerzeit kaum vorstellbare Ideen auf den Plan, die dem freien Geist dieser Stadt in nichts nach und dem neuen Charakter dieser Kirche gut zu Gesicht stehen. Alte, noch nahe Geschichte murmelnde Mauern wirken in diesem neuen Kontext wie aufgelöst – nicht mehr als preußisches Postulat historisierenden Manifestationswillens, sondern als lichte Membran, aufgelöst durch Fenster, deren charakterliche Strahlkraft an Witz und Eleganz, Tiefe und gleichzeitiger Leichtigkeit

LANDESKIRCHE
Nordelbische Evangelisch-Lutherische Kirche
ÖFFNUNGSZEITEN
Bei Veranstaltungen und Besichtigungen nach Vereinbarung
PROGRAMM
Informationen im Internet
GOTTESDIENST
1. Sonntag im Monat 12.00 Uhr und an Feiertagen
PASTORAT
Telefon (040) 434334
VERANSTALTER
Kulturkirche Altona GmbH
Max-Brauer-Allee 199
22765 Hamburg
Telefon (040) 4393391
VERANSTALTUNGSORT
Bei der Johanniskirche 22
22767 Hamburg
INTERNET
www.kulturkirche.de
www.gemeinde-altona-ost.de

beinahe märchenhaft wirkt. Die in Hamburg wohnende Südkoreanerin Eun Nim Ro hat hier 1997 einmalige, zwischen den Wirklichkeiten schwebende Fenster geschaffen, die sich aller tradierten Vorstellung und mystischer Farbwahl entledigen und eine Hommage an die Kreativität und Flugkraft des Geistes, an den Zauber der Phantasie sind. Mit ihnen ist in der Geschichte dieser Kirche ein neues Kapitel aufgeschlagen. An ihrer Kraft orientiert sich die Kulturkirche Altona.

Was ist die Kulturkirche Altona im Gewand von St. Johannis? Die Kulturkirche Altona GmbH ist ein Unternehmen, das wirtschaftlich arbeitet und gleichzeitig prägender kultureller Ort im christlichen und großstädtischen Kontext ist. Als Kooperationspartner der St. Johannisgemeinde vermietet das Unternehmen die Kirche zu kulturellen wie kommerziellen Zwecken. Dabei tragen die Einnahmen kommerzieller Vermietungen zum Erhalt des Gebäudes bei. Gleichzeitig ermöglichen damit erzielte Überschüsse Kulturveranstaltungen, die

Mit ihrem weithin sichtbaren Turm wirkt die St.-Johannis-Kirche seit fünf Generationen ebenso als Anziehungs- wie als Ausgangspunkt für Orientierung in Altona.

ohne diesen Zuschuss gar nicht erst durchgeführt werden könnten. Mischkalkulationen im ideellen wie im ganz praktischen Sinne prägen die Langlebigkeit dieses Konzepts. Es macht das Leben der Altonaer Kulturmanager und den Dialog mit der St. Johannisgemeinde abwechslungs- und spannungsreich.

An Sonntagen ist die Kirche Ort des Gottesdienstes. An solchen Tagen ist die Kirche ganz Ort ihrer Bestimmung. Diese räumliche Prägung ist unverwechselbar. An anderen Tagen zieht hier eine Welt ein, über die in der Kirche sonst allenfalls geredet wird. Tanz und Feier, Show und Konzert bemächtigen sich selbstverständlich dieses Raumes. Sie werden Teil seiner Aura. Sie hinterlassen ihre Spuren. Beide Seiten lernen, beide Seiten profitieren davon: hier gilt manche Regel, die dem kommerziellen Nutzer fremd ist. Hier lernt Gemeinde mit Nutzern umzugehen, die ihnen ungewohnt und fremd erscheinen. Toleranz mit doppeltem Nutzen. Regelbares Miteinander mit nützlichem Effekt: erwirtschaftet die GmbH Gewinne, werden diese an die Benno-und-Inge-Behrens-Stiftung abgeführt, die bedürftigen und obdachlosen Menschen bei der Suche und Versorgung mit Wohnraum hilft. Wie nah sie sich hier wieder kommen: St. Johannisgemeinde und Kulturkirche Altona.

Unbeirrbarer Weggefährte wie kreativer Aktivist der Kulturkirche ist Stefan Kröhnert. Er blickt auf langjährige Erfahrungen zurück, die ihm und seinen Mitstreitern im Blick auf die neue Herausforderung, auch Eigenveranstalter zu sein, enorm nützt. Die Kooperation mit der Hans-Kauffmann-Stiftung ist ein wichtiges Standbein – nicht weniger die mit dem international etablierten »Ensemble Resonanz«, dessen Programmatik exzellent zur Kulturkirche paßt – wunderbar erlebt mit dem »Knacks«, einem Melodram nach dem Buch von und mit Roger Willemsen von Jan Müller-Willemsen. Vielfache Resonanz. Im wechselnden Licht der Fenster. Im Klang des Moments. Im Mantel der Kulturkirche. Im Raum von St. Johannis. ○

KOMMEN UND ERLEBEN
Ab 2011 bereichert die Kulturkirche Altona GmbH das Kulturleben einer der schönsten Städte der Welt mit einer Vielzahl breit gefächerter, eigener Veranstaltungen – von Klassik bis Weltmusik, vom Kammerkonzert bis zum Sinfonieorchester, von alt bis modern.

Die Kulturkirche Altona bietet Platz für bis zu 500 Menschen bei Veranstaltungen

Kirchenfenster als Kunstwerke, gestaltet von Professorin Eu Nim Ro

Konzert des »Ensemble Resonanz« mit Roger Willemsen

HESSEN
Frankfurt am Main
Darmstadt
100 km

STADTKIRCHE DARMSTADT

An der Stadtkirche
64283 Darmstadt

1369 erste Kapelle
1380 Pfarrkirche »Unserer lieben Frau«
15. Jh. Spätgotische Chorerweiterung
1526 Katholische Pfarrkirche wird lutherische Stadtkirche
Seit 1579 Grablege der hessischen Landgrafen
17./19. Jh. Erweiterungen des Kirchenschiffes
19. Jh. Georg Büchner, Ernst Elias Niebergall werden hier konfirmiert
1944 Zerstörung bis auf Turmhalle und spätgotischen Chor
1953 Wiedereinweihung
1958 Gründung der Kantorei
Mitte 1990er Sanierungsarbeiten
Seit 2000 Abschluss der Sanierungsarbeiten

SANKT PETER FRANKFURT AM MAIN

Bleichstraße 33
60313 Frankfurt am Main

1369 als kleine gotische Peterskapelle erbaut
1417/19 zur spätgotischen Peterskirche erweitert
Seit 1802 Eigentum der Stadt Frankfurt (Dotationskirche)
1891 Abriss
1891/94 eklektizistischer Neubau
1944 Zerstörung
1961/65 Wiederaufbau
Bis 2002 erste Kirche der Evangelisch-Lutherischen Petersgemeinde
2004/07 Umbau der St. Peterskirche zur »jugend-kultur-kirche sankt peter«
1. Advent 2007 Eröffnung der »jugend-kultur-kirche sankt peter«

Wer sich in der ladengesäumten Fußgängerzone der Wissenschaftsstadt Darmstadt nach dem Weg zum Darmstädter Literaturhaus erkundigt, dem kann es durchaus passieren, dass er statt in die Kasinostraße 3, schnurstracks in Richtung Kirchstraße geschickt wird und sich dort erst einmal die Augen reiben muss. Denn dort, am östlichen Ende der Darmstädter Fußgängerzone steht zwischen Cafés, Läden und Restaurants nicht etwa das Darmstädter Literaturhaus, sondern die Darmstädter Stadtkirche: ein hochstrebender spätgotischer, über die Epochen und nach Kriegszerstörung mehrfach umgebauter Sandsteinbau aus dem 14. Jahrhundert. Ein Irrtum? – Keineswegs: Denn in der Tat ist die Darmstädter Stadtkirche den Darmstädtern seit geraumer Zeit nicht mehr nur als zentral gelegenes Gotteshaus mit allen Facetten des Gemeindelebens und als Konzerthaus der renommierten Darmstädter Kantorei bekannt, sondern auch als das »älteste Literaturhaus der Stadt«.

Verantwortlich dafür ist Martin Schneider, Pfarrer der Stadtkirchengemeinde und Pfarrer für Stadtkirchenarbeit des Dekanats, der mit der Rede vom »ältesten Literaturhaus der Stadt« einerseits auf die jahrhundertealte Lese- und Hörtradition seines Hauses anspielt, auf die Erzähltraditionen der Bibel und die damit verbundene Notwendigkeit, die Geschichten der Bibel in zeitgemäßen Ausdrucksformen immer wieder neu zur Sprache zu bringen. Andererseits aber auch auf seine alljährlichen Lesereihen, den »Lyrischen Matinéen« im Frühling und den »Literarischen Herbst«, die sich in den vergangenen zehn Jahren als ausgewachsene und bis weit über die Darmstädter Stadtgrenzen hinaus bekannte Literaturfestivals etabliert haben: Hilde Domin, Peter Bichsel, Martin Mosebach, Judith Hermann oder Adolf Muschg – Schneider hat sie alle gehabt und will doch kein Trophäensammler sein. Eher einer mit einem feinen Gespür für die Kunst der Beschreibung und die sprachlich präzise Arbeit am Leben.

LANDESKIRCHE
Evangelische Kirche in Hessen und Nassau
ÖFFNUNGSZEITEN
Mo bis Fr 9.00—16.00 Uhr
PROGRAMM
1. Samstag im Monat Orgelmatinéen«,
Frühjahr »Lyrische Matinéen«,
Sommermonate »Im Dialog«,
Im Juli Mittwochs 22.30 Uhr »Round Midnight« – Jazz und Gedanken für Nachtschwärmer,
September/Oktober »Literarischer Herbst« sowie »Passion – Predigten in der Gegenwart«,
Kantatengottesdienste,
kammermusikalische Reihen und »Jazz in der Stadtkirche«,
Konzerte der Darmstädter Kantorei,
Singschule der Darmstädter Kantorei
GOTTESDIENST
Sonntags 10.00 Uhr
KONTAKT
Pfarrer Martin Schneider
Telefon (06151) 47110
E-Mail martin.schneider@ekhn.de
und
Kantor Christian Roß
Telefon (06151) 44834
E-Mail darmstaedterkantorei@ekhn.de
VERANSTALTER
Evangelische Stadtkirchengemeinde Darmstadt und
Evangelisches Dekanat Darmstadt-Stadt
INTERNET
www.stadtkirche-darmstadt.de
www.darmstaedterkantorei.de

Im Herzen der Stadt: Darmstadts Kulturkirche. Die Stadtkirche vom Dach des Kongresszentrums »Darmstadtium« aus gesehen

Blick in die Stadtkirche von der Orgelempore aus, während der Lesung Arno Geigers im März 2011

REWE
22
REWE

Für einen protestantischen Kulturpfarrer wie Schneider, der dem Wort etwas zutraut, ist die Literaturarbeit die Fortsetzung des Pfarramts mit anderen Mitteln.

Begonnen hat das »Literaturwunder von Darmstadt« (FAZ) im Sommer 2000 mit den sogenannten »Lyrischen Matineen«: Als kleine, aber feine Lesemittage mit musikalischer Begleitung im Chorraum der spätgotischen Stadtkirche – vor einer kleinen Gruppe Interessierter und unter den Blicken jener mannshohen Findlinge der jährlichen Ausstellungsreihe »Im Dialog«, deren abstrakten Menschsgestalten die schmerzhafte Frage nach dem Woher und Wohin des Menschlichen förmlich in den Leib geschnitten schien. Die Frage ging auch den Lesenden über die Lippen. Und da sie sie anders und unvoreingenommener, präziser und manchmal drastischer als gewohnt formulierten, hielt sich die Frage und blieb und provozierte schließlich eine weitere: Wie denn heute in zeitgenössischer Sprache vom Leben, vom Menschen, von Gott, vom Glück und vom Leid zu sprechen sei. Die Frage rumorte, wurde produktiv. Und so wurde sie mit der Zeit nicht mehr allein von Lyrikern, sondern auch von Roman- und Krimiautoren, und nicht mehr allein um die Mittagszeit, sondern auch abends und des Nachts um die Mitternachtsstunde – zur Jazzlesereihe »Round Midnight« – gestellt. Natürlich stellte sie sich irgendwann auch sonntags auf der Kanzel in den sogenannten »Predigten in der Gegenwart«, bei denen seit 2004 Journalisten, Politiker, Unternehmer, Literaten und Künstler klassische Texte des christlichen Glaubens – das »Vaterunser«, »Die Zehn Gebote« oder die »Sieben Letzten Worte Christi« – in ihr eigenes und bisweilen durchaus kirchenfernes Sagen und Fragen mit hineinnehmen.

Der Darmstädter Stadtkirche hat es gutgetan. Nicht nur, weil sich mit den Jahren der Kreis der Hörer – deren Eintrittsgelder die lyrischen Matineen finanziell weitgehend zu einem Selbstläufer machen! – stetig geweitet hat und selbst die Gebildeten unter ihren Verächtern

KIRCHE IN DER STADT
Als »Dialog auf Augenhöhe« versteht die Darmstädter Stadtkirche ihre Kulturarbeit, mit der sie die alte Funktion der Kirche als Kulturinstanz und Kulturmittlerin der Stadt wahrnehmen will – einerseits mit der Kirchenmusik, die an der Stadtkirche vor allem durch die Arbeit der Darmstädter Kantorei, durch Orgel- und Chorkonzerte sowie durch Gastauftritte auswärtiger Künstler und Ensembles vertreten ist, zum andern mit Lesungen und Predigtreihen sowie mit der Jazz-Sommernachtsreihe Round Midnight und der jährlich stattfindenden Ausstellung »Im Dialog«, die ausgewählte Werke je eines zeitgenössischen Bildhauers zeigt.

die Stadtkirche wieder als einen Ort des Suchens und Findens wahrnehmen. Sondern auch, weil die Darmstädter Stadtkirche Dank der neuen Gesichter und Stimmen zu so etwas wie einer »weltoffenen« Kirche geworden ist: Eine Kirche, der die Sprachen und die Klänge der Welt willkommen sind und die in ihren Fragen und Ausdrucksformen auch etwas von dem wiederfindet, was sie selbst von jeher beschäftigt: Das Leben in seiner Fülle mit seinen Um- und Abwegen, seinen Gründen und Abgründen. Das gilt nicht nur für ihre Literaturarbeit: Auch die Gemeindearbeit und die musikalische Arbeit der Darmstädter Kantorei haben den erweiterten Einzugsbereich des kirchlichen Lebens als ihren Spielraum entdeckt. Dass die Darmstädter Stadtkirche damit unversehens in Konkurrenz zu etablierten Darmstädter Kulturinstitutionen geraten ist, war ursprünglich nicht geplant. Doch da Konkurrenz ja bekanntlich das Geschäft belebt, sollte es ihr recht sein. □

Lesung mit Arno Geiger in der Stadtkirche, im Hintergrund Landgraphen-Epitaph von 1589

SANKT PETER FRANKFURT AM MAIN

Was würde es bedeuten, in einer Großstadt wie der Bankenmetropole Frankfurt am Main eine Kirche nur für Jugendliche zu betreiben? Wie sähe sie aus? Und wo würde sie stehen? – Was wäre ihr Programm, wenn sich Vorlieben und Trends gerade dort schneller als anderswo verschieben? Und wer wäre ihre Gemeinde, wenn sich Zugehörigkeiten und Verbindlichkeiten unter Jugendlichen allenfalls zeitweise ergeben und es »die« Jugend ohnehin nur noch als »Jugendkulturen« gibt?

Die Frankfurter »jugend-kultur-kirche sankt peter« hat sich auf dieses Experiment eingelassen und genau diese Fragen zum Programm gemacht: mitten in der Frankfurter Innenstadt, keine zwei Laufminuten von den Schaufenstern der Zeil – einer der größten Einkaufsstraßen Deutschlands – entfernt; zwischen Tatooladen, Auktionshaus, Casino und Fightshop. Auf den ersten Blick nicht unbedingt ein Ort für eine Jugendkirche. Auf den zweiten Blick eine Stadtoase, ein Schutzraum mit anderen Regeln und anderer Geschwindigkeit. Und: Ein Experimentierfeld für Jugendliche, die auf dem Weg sind, ihre eigenen Wege zu finden und dafür Spielräume brauchen, die zugleich Freiraum und Schutzraum sind. Sankt Peter ist beides: Draußen feste Burg. Drinnen »geile Location«. Das heißt: ein Multifunktionsraum, der sich drehen und wenden lässt – je nachdem wer ihn nutzt: Schüler, Schauspieler, Konfirmanden, Musiker, Pfarrer oder Tänzer, und je nachdem für was er genutzt wird: für Gottesdienste, Konzerte, Konfirmandenparties, Theater-, Tanz- oder Gesangsworkshops oder einfach für ein gemeinsames Frühstück am Sonntagmittag. Was hier geschieht, hängt letztendlich von denen ab, die ganz ohne Gemeindebindung – dafür, wer will und die Vorteile nutzen will: mit einer »sankt peter-Card!« – kommen: Jugendliche zwischen 14 und 25 aus Frankfurt und der Region Rhein-Main. Deren Vorstellungen von Gemeinschaft sind es, mit denen das sechsköpfige Leitungsteam von Sankt Peter seine Programmformate entwickelt. Auf Zeit. Solange es trägt.

LANDESKIRCHE
Evangelische Kirche in Hessen und Nassau
ÖFFNUNGSZEITEN
ganzjährig, Mo bis So
je nach Veranstaltung
PROGRAMM
Programmformate für die Zielgruppen der 14 bis 25-jährigen: Lesungen, Kino, Hörspiel, Theater, Workshops und Seminare, Gottesdienste und Konfirmandenarbeit, Seelsorge (insbesondere Online-Jugendseelsorge), »sankt peter Lounge«, Partys
GOTTESDIENST
1. Sonntag im Monat 18.00 Uhr «sankt peter Jugendgottesdienst« – Frühstücken mit Gott in Frankfurt
KONTAKT
Geschäftsführer
Pfarrer Eberhard Klein
E-Mail e.klein@sanktpeter.com
VERANSTALTER
jugend-kultur-kirche sankt peter gGmbh und Service GmbH
Bleichstrasse 33
60313 Frankfurt am Main
Telefon (069) 2972595110
INTERNET
www.sanktpeter.com

Konfitag-Rallye in »sankt peter«

Räumlich, programmatisch und institutionell ist Sankt Peter eine Probebühne.

Das war nicht immer so. Noch bis Ende der 1990er Jahre diente Sankt Peter als »normale« Gemeindekirche der Frankfurter Petersgemeinde – ein nach Kriegszerstörung in Stil und Materialvorliebe der 1960er Jahre erneuerter neugotischer Bau, dessen Unterhaltung der immer kleiner werdenden Gemeinde allmählich über den Kopf stieg. Andernorts – beim Evangelischen Regionalverband Frankfurt, der seit geraumer Zeit nach einem geeigneten Ort suchte, um sein Konzept für eine umfassende evangelische Jugendarbeit in die Tat umzusetzen – war dagegen Bedarf. Und so entwickelten sich zwischen 1997 und 2001 verschiedene Modellprojekte in Sankt Peter, die sich zum Frankfurter Kirchentag 2001 als derart tragfähig erwiesen, dass sich Landeskirche und Regionalverband im Einvernehmen mit der Stadt noch im selben Jahr auf ein gemeinsames Projekt verständigten – mit dem Ziel, in Frankfurt einen zentralen Ort zu schaffen, an dem sich die unterschiedlichen Jugendmilieus der Stadt mit ihren unterschiedlichen Bedürfnissen räumlich und programmatisch wiederfinden würden. Voraussetzung: Ein Umbau der Peterskirche, der nach einem Architekturwettbewerb ab 2004 mit Mitteln des Regionalverbandes und der Landeskirche in Angriff genommen wurde. Als der erneuerte Kirchenraum 2007 wiedereröffnet wurde, hatte sich der Raum in einen veranstaltungstechnisch voll ausgestatten Multifunktionsraum verwandelt: mit Bühne, beweglichem Altar, Kapelle, Seminar- und Büroräumen sowie einem Café – immer auf der feinen Linie zwischen Kirche und Veranstaltungsraum.

Der Weg dahin war länger und holpriger als gedacht, galt es doch nicht nur ein Modellprojekt im Sinne einer umfassenden Jugendarbeit sowie der architektonischen Gestaltung, sondern auch ein Modellprojekt im Sinne der Organisationsform ins Leben zu rufen. Sankt Peter ist eine gemeinnützige GmbH, die kostendeckend arbeiten muss und ihren Etat neben kirchlichen Zuschüssen über die Vermietung ihrer Räumlichkeiten und Einnahmen bei eigenen Veranstaltungen bestreitet. Dass es dabei zu Prioritätskonflikten nicht nur zwischen den unterschiedlichen Arbeitsbereichen – Gottesdienst und Seelsorge, Seminare, Kultur und Vermietung –, sondern auch zwischen kirchlichen und ökonomischen, gemeinnützigen und gewinnorientierten Interessen sowie programmatisch zwischen Mainstream und Anspruch kommt, ist wenig verwunderlich. Zugleich machen sie den Charakter von Sankt Peter als »Probebühne« aus, der letztlich nicht nur ihrer Arbeit als Jugendkirche, sondern überhaupt als Kirche in der Gegenwart entspricht. Denn der schwierige Balanceakt zwischen wirtschaftlichen und kirchlichen Interessen, zwischen Dienstleistung und spiritueller Orientierung ist mitnichten ein Sonderproblem der »jugend-kultur-kirche sankt peter«. Er gehört zu den Zukunftsaufgaben der Kirche. □

LEBENSRAUM SANKT PETER
»Mit der jugend-kultur-kirche sankt peter will die Evangelische Kirche in Hessen und Nassau einen Beitrag bei der Begleitung junger Menschen leisten. Sie hat dabei das Ziel, dass junge Menschen hier Anregungen, Impulse, Gesprächspartner und das heißt im weitesten Sinne ein Gegenüber und einen Raum finden, um in den unterschiedlichsten Formen der Begegnung ihre religiöse Identität als Christinnen und Christen zu entwickeln. Konkret will dazu nicht nur das Programm beitragen, sondern auch die architektonische Gestaltung dieses Raumes, die sich an den Lebenswelten und Lebensstilen von Jugendlichen orientiert.« – Kirchenpräsident Peter Steinacker zur Eröffnung von »sankt peter«

Hip-Hop-Workshop Präsentation

»Churchnight« in »sankt peter«

MECKLENBURG-VORPOMMERN

HÖRSPIELKIRCHE FEDEROW

Am Park 1, 17192 Kargow
Ortsteil Federow

1496 erbaut, laut dendrochronologischer Untersuchungen der im Dachwerk verbauten Hölzer
1887 Umbau der Innenausstattung (neugotisch), Verputzung und Bemalung der Feldsteinwände
1927 Anbau der westseitigen dreieckigen Vorhalle, neue freundlichere Farbgestaltung im Inneraum
2006 Sanierung und neue Nutzung als Hörspielkirche

KIRCHE KOSEROW

Fischerstraße 35, 17459 Koserow

Ende 13. Jh. als Feldsteinkirche erbaut
15. Jh. Erweiterung mit Altarraum und Turm
1897 umfassende Renovierung der Kirche, Entfernen der Holzdecke, Einsetzung von Orgel (Orgelbauer Grüneberg aus Stettin) und Empore
1977 Renovierung des Gebäudes und Erweiterung der Orgel

KULTUR- UND WEGEKIRCHE LANDOW

Landow 2, 18573 Dreschvitz

1313 Baubeginn Fachwerkkirche
1333 erste urkundliche Erwähnung Landows
16. Jh. Untermauerung um das Gebäude mit Backstein
1733 Innenraum wird barock umgestaltet
1973 kirchliche Nutzung wird aufgegeben
Ende 1980er Jahre Sicherungs-, Erhaltungs- und Renovierungsmaßnahmen

HÖRSPIELKIRCHE FEDEROW

Lässt man Waren am Nordzipfel der Müritz mit der von St. Georgen und St. Marien imposant bestimmten Silhouette hinter sich und folgt der Route des Fahrradweges Kopenhagen-Berlin in Richtung Feldberger Seenlandschaft, um vielleicht mit Theodor Fontane durch die Mark zu wandern, so grüßt wenige Kilometer hinter Waren die Dreihundert-Seelen-Gemeinde Federow – ein Ort zum Hören und Sehen.

Zunächst will man dem Hören den zweiten Platz einräumen, weil das Sehen hier am Eingang in den Müritz-Nationalpark zu seltenen Einblicken – nicht nur in die Welt der Fischadler – einlädt. Aber dann entdeckt man an der Kreuzung des Ortes auch den Ort zum Hören: die Kirche. Sie ist kaum so groß wie die Schnitterkasernen, die hier allerorts zu finden sind: ein turmloser frühgotischer Feldsteinbau, der im 19. Jahrhundert im Innenraum einige Änderungen erfahren hat. Unter seinem ungewöhnlichen, sonnenblumengelb leuchtenden Anbau neugotischer Prägung auf der Westseite öffnet sich die Tür. Treten Sie ein: Hier dürfen Sie hören. Im ersten Moment scheint das für eine Kirche nicht besonders innovativ. Aber in Federow hat man aus der Idee, dem gesprochenen Wort Raum zu geben, ein einladend neues Konzept werden lassen. Hier hören Sie natürlich das Wort Gottes. Hier hören Sie aber noch ganz anderes: die Inspiration seiner Schöpfung – die Kunst in Form von Literatur und Musik: vom Märchen über das Mittagskonzert bis zum Krimi zur Nacht. Willkommen in der Hörspielkirche Federow.

Die Geschichte dieser ersten Hörspielkirche reicht in ihren Anfängen bis in die 1980er Jahre zurück. Schon damals durchquerte Initiator und Chef-Idealist Jens Franke dieses weite Land – und aus der Suche nach einem eigenen Ort wurde der drängende Wunsch nach Erhalt eines Ortes für andere. Damals war die Kirche dem allmählichen Verfall preisgegeben. Aber Jens Franke fand Freunde und in Leif Rother, Pastor an St. Marien in Waren, einen tatkräftigen Fürsprecher,

LANDESKIRCHE
Evangelisch-Lutherische
Landeskirche Mecklenburgs
ÖFFNUNGSZEITEN
Juni bis September,
täglich ab 11.00 Uhr
PROGRAMM 2011
13.30 Uhr Musik, Vogelstimmen
15.00 Uhr Kinderhörspiel
16.30 und 18.30 Uhr
Erwachsenenhörspiel
Mi 20.00 Uhr »Blaue Stunde«,
Hörspiel zur Nacht
Sonntags Musik, Hörspiele
mit biblischen Themen
GOTTESDIENST
Sonntags
KONTAKT
Pastor Leif Rother
E-Mail post@hoerspielkirche.de
VERANSTALTER
Kirchgemeinde St. Marien
Mühlenstrasse 13,
17792 Waren
Telefon (03991) 635723
Idee und Konzept Jens Franke
INTERNET
hoerspielkirche.de
AUSZEICHNUNGEN
2006 »Deutschland Land der Ideen«
2011 »Ehrenpreis der Stiftung KiBa«

Im Sommer 2005 wurde die seit zwanzig Jahren ungenutzte Dorfkirche als erste Hörspielkirche Deutschlands wieder geöffnet. Im Frühjahr 2006 begann die Sanierung mit Geldern des EU-Programms LEADER+. Die Kirche ist heute wieder feldsteinsichtig. Bis zum Sommer 2007 wurden die Außenanlagen neu angelegt.

der samt St.-Marien-Gemeinde fortan mit im Boot saß. Damit nimmt die Geschichte ihren Lauf. Begonnen wurde bei der Renovierung mit der Suche nach Gestalt und Farben im Abgleich mit der Zeit. Dies spiegelt sich in den beiden von außen eher unscheinbaren, von innen umso ansprechenderen Fenstern an der Ostseite der Kirche. Hier hat Jana Franke durch eine Kombination weiträumiger Farbflächen mit realistischen Natursymbolen ein Lichtspiel geschaffen, das auf vielfältige Weise Hören und Sehen in Einklang bringt. Dabei verbindet sie eine durch die Farben sprechende seelische Konzeption der Landschaft mit der konkreten Bildsprache der Renaissance und erschafft einen Lichtraum, der zum Nest für das Hören wird. Immer wieder stellen sich neue Korrespondenzen her. Haben die Fenster das Hör-Konzept im Stillen mitgestaltet? Sitzt und lauscht man, kann man sich dieses Eindrucks nicht erwehren.

Es dauerte schließlich bis zum Sommer 2006, ehe die Kirche in ihrem trutzigen Feldsteingewand mithilfe vieler Förderprogramme neu erstrahlte. Da lag die erste Hör-Saison 2005 schon hinter Jens Franke, Leif Rother und der Kirchgemeinde St. Marien – und mit ihr ein gerüttelt Maß erster Erfahrungen. Sie sind – wie soll es anders sein – nicht nur vergnüglich, aber lehrreich und mobilisierend gewesen. Sie haben Grenzen, aber noch mehr Möglichkeiten aufgetan, die die Macher genutzt und in einem Netz von Allianzen und Partnerschaften verknüpft haben. Die zusätzliche Motivation, die die Auszeichnung als ausgewählter Ort »Deutschland – Land der Ideen« 2006 für diese erste und bis dato einzige Hörspielkirche mit sich brachte, hat dem Projekt schließlich zum Durchbruch verholfen. Die Federower Kirche ist wieder ein offenes Gotteshaus geworden. Von Juni bis September eines jeden Jahres können die Besucher auf den schlichten Holzbänken im Inneren Platz nehmen und hören. Zuhören. Regentage baumeln lassen. Sich einspinnen und verwandeln lassen.

Das Programm wird durch Rundfunkanstalten und zahlreiche Buch-, Musik- und Theaterverlage unterstützt. Dabei reicht das literarische Spektrum von Homer über Robert L. Stevenson bis Theodor Fontane. Der musikalischen Bogen weitet sich von Johann Sebastian Bach über Felix Mendelssohn Bartholdy bis zum Jazz. Sonntags ist Gottesdienst. Da pulst Gegenwart im Gesang und Gebet.

Wichtig ist allen Beteiligten, dass mit der Neunutzung der Kirche als Ort des Hörens keine Umnutzung, sondern eine erweiterte Nutzung stattfindet. Dass die Kirche als christlicher Kulturraum wieder zum Leben erweckt und ein Refugium für Hören und Sehen geworden ist. In jedem Jahr hören die Macher darum nicht nur in die dafür jährlich neu gestalteten Programme, sondern auch in die Hörer hinein. Sie ergründen die Resonanz des Ortes und seiner Hörer. Sie ergründen Unerhörtes und zu Entdeckendes, Wünsche und Sehnsüchte, die der Idee die Ohren und der Kirche die Tür offen halten. ○

HÖREN IN FARBEN
Die expressive Farbgestaltung des Kirchenraums stammt aus dem Jahr 1927. Bei der Restaurierung im Sommer 2006 wurden mittelalterliche Wandmalereien gefunden und teilweise freigelegt.
Im Hintergrund die neuen Fenster aus mundgeblasenen Gläsern mit Pflanzen- und Tiermotiven (Entwurf Jana Franke, Berlin, Herstellung: Derix Glasstudios, Taunusstein).

Lesung mit Ulrich Wickert im August 2010

HÖRSPIEL
KIRCHE

KIRCHE KOSEROW

Koserow und seine Kirche sind nicht die erste Adresse auf Usedom. Weder kann sich der kleine Ort der Tradition eines Kaiserbades und seiner eleganten Architektur rühmen, noch grüßt seine Kirche schon von weither wie die leuchtend rote Backsteinkirche Heringsdorfs. Koserows Gotteshaus liegt auch nicht malerisch in die Landschaft gebettet wie die bezaubernde Kirche im Inneren der Insel in Benz. Zur Koserower Kirche muss man einen kleinen Umweg nehmen, wenn einen das Tosen der Wellen eigentlich geraden Weges ans Meer zieht. Sie steht auf altem Feldsteinsockel im Kern des alten Ortes und muss sich gefallen lassen, dass die Urlauber sie erst einmal links liegen lassen. Sie trägt es gelassen und mit Würde. Denn eins ist sicher: rufen sonntags die Glocken zum Gottesdienst und unter der Woche zu Konzerten, dann strömen die Besucher doch. Und da seit 1999 in den Mauern des Gotteshauses ein für Land und Leute eher ungewöhnliches Projekt für Erregung und Bewegung sorgt, kommen seither auch Menschen hier her, für die die Kirche bis dahin allenfalls als kunsthistorische Sehenswürdigkeit etwas taugte.

Was geht ab? fragt der urlaubende Großstädter. Was den vormaligen Dramaturgen des Berliner Ensembles, Jürgen Kern, bewogen hat, die Koserower Kirche für »Klassiker in der Kirche« auszuwählen, ob er instinktiv die hintergründig aufblitzende Lebenslust und die damit verknüpfte, am Alltag geschulte Kreativität des ortsansässigen Pfarrers Winfried Wenzel einzubinden hoffte, sei dahingestellt. Fakt ist: beide Männer stehen seither für ein außergewöhnliches Usedomer Sommer-Theater mit Verve und Esprit – sowohl, was das Repertoire als auch was die schauspielerische Qualität angeht. Dabei setzen sie nicht auf Ausgefallenes und Experimente. Nein: sie bieten die Klassiker. Was man eigentlich wenigstens gelesen, besser noch: gesehen haben muss. Das sehen sie hier. Zur Premiere 1999 war es Hugo von Hoffmannsthals »Jedermann«, der Einwohner und Urlauber des Ortes erstmals neugierig in

LANDESKIRCHE
Pommersche Evangelische Kirche
ÖFFNUNGSZEITEN
Mo, Di und Do 10.00—12.00 Uhr
und 14.00—18.00 Uhr,
Mi und Fr 10.00—12.00 Uhr,
Sa 16.00—18.00 Uhr,
Do 11.00 Uhr Kirchenführung
PROGRAMM
Juni bis September
»Klassik am Meer« –
Theater, Konzerte, Lesungen
GOTTESDIENST
Sonntags 10.00 Uhr
KONTAKT
Pfarrer Winfried Wenzel
VERANSTALTER
Kirchgemeinde Koserow,
Evangelisches Pfarramt
Fischerstraße v
17459 Koserow
Telefon (038375) 20279
INTERNET
www.kirchengemeinde-koserow.de
www.klassik-am-meer.de
www.theaterakademie.info

Die Koserower Kirche war schon immer die Zentralkirche für die Orte zwischen Zempin und Ückeritz. Der einst sehr kleine Fischerort blühte ab 1850 mit der Belebung des Badewesens auf.
Heute leben die Seebäder Zempin, Koserow, Kölpinsee und Ückeritz hauptsächlich vom Tourismus.

die Kirche lockte. Seither zieht Jürgen Kern alljährlich ein halbes Dutzend handverlesener Schauspieler in das ehemalige Fischerdörfchen – in einer viel Erfahrung und Gespür aufzeigenden Melange talentierter junger Wilder der Zinnowitzer Theaterakademie wie dem hoch talentierten Gerrit Hamann und gestandenen Schauspielern, die zur selben Zeit wohl auch für einen Fernsehfilm vor der Kamera stehen könnten, aber diesem Kleinod den Vorzug geben – wie beispielsweise Andreas Schmidt-Schaller, der 1999 den Jedermann gab oder jüngst 2010 Jürgen Zartmann, der Luises Vater in »Kabale und Liebe« spielt wie kein Zweiter.

Dafür schließt Winfried Wenzel gerne die Kirche auf. Er tut dies nicht, weil er in manchem Jahr selbst den Talar gegen ein Kostüm tauscht. Er tut es auch nicht, um die Kirche als Mehrzweckhalle kompatibel zu machen. Er tut es aus der Überzeugung heraus, dass Kirche und Theater einander gut tun. So, wie beide dem Leben dienen, ist ihrer beider Existenz wahrhaftiges, quasi real existierendes Abbild und Spiegel lebendiger Gemeinde. So entsteht für Winfried Wenzel lebendige Kirche. Und Kirchenvorstand und Gemeinde lassen sich immer wieder darauf ein. Nicht per se. Und schon gar nicht ohne vorherige Diskussion über das Werk der Saison – wie sie bei Goethes »Faust« Wogen schlagend sogar durch die Presse ging. Dieses Ringen um das richtige Stück für diesen Ort aber macht alle Beteiligten vor und hinter den Kulissen jedes Jahr ein bisschen klüger, schärft den Sinn für neues Denken und Verstehen und lässt das Erlebte als erweiterten Horizont begreifen. Bis zum nächsten Stück.

Dass ein derart ambitioniertes und das rechte Licht benötigendes Projekt über seine Motoren hinaus viele Helfer und Wohlgesonnene braucht, steht außer Frage. Hier finden sich jedes Jahr Freunde des Projektes, die ihr Scherflein beitragen, hier steht inzwischen auch die Kommune, die um den Wert dieses Theaters weiß, hilfreich zur Seite. Die Kirchengemeinde stellt indes das Elementarste: die Bretter, die die Welt bedeuten. Die darauf agierende Schauspiel-Truppe um Jürgen Kern nimmt jedes Jahr ein neues Stück ins Visier und hat dabei das Stück des vergangenen Jahres jeweils noch einmal mit im Gepäck, sodass der jährliche Spielplan zwei Stücke bietet. Damit ziehen sie nach der Premiere in Koserow immer auch auf Gastspiel: gen Rügen nach Putbus in die weiße Stadt des Klassizismus und zu einem bevorzugten Ausflugsort Goethes ins lauschige Thüringer Land nach Bad Lauchstädt. So wandert nicht nur das Stück, sondern auch die Idee der Koserower Kirchenbühne jährlich durch das Land. Und wie sich Menschen für die Stücke und ihre Aufführung zusammenfinden, so bringen die Stücke Menschen zusammen und in die Kirche. Wer in den Gottesdienst geht, macht sich auch einmal zum Theater auf den Weg. Und wer am Samstagabend im Theater war, kommt plötzlich am Sonntagmorgen zum Gottesdienst wieder. Winfried Wenzel heißt sie willkommen. ○

WELLEN DES MEERES UND WOGEN DES HERZENS

Koserow liegt an der Taille der Insel Usedom, zwischen Ostsee und Achterwasser. Die Kirche des Ortes ist die älteste auf Usedom. Im Rahmen des Projekts »Klassik am Meer« finden während der Sommersaison in der Kirche Aufführungen klassischer Theaterstücke, Konzerte und Lesungen statt. Dafür kooperiert die Gemeinde mit der Theaterakademie Vorpommern.

Der Sommer gehört dem Theater. In jedem Sommer veranstaltet die Kirchengemeinde den Theatersommer »Klassik am Meer« und lädt mit jungen Talenten und international erfolgreichen Schauspielern mit kleinen Mitteln zu den großen Werken der Klassik.

KULTUR- UND WEGEKIRCHE LANDOW

Wenn man sich winters bequem und mit weitem Blick, sommers in eher quälender Kolonne über die Brücke von Stralsund nach Landow auf Rügen auf den Weg macht, ist man erst einmal heilfroh, nach überstandener Überfahrt auf ruhigere Nebenstrecken zu geraten. Bald fragt man sich aber: sind es Um-, sind es gar Abwege? So jedenfalls muten die Pfade an, die zur Wegekirche Landow vis-à-vis von Hiddensee im Westen der großen Insel führen. Karten verheißen zwar Eindeutigkeit, aber wenn man sich plötzlich mit Fuchs und Hase im unmittelbaren Verbund fühlt und die Ährenfelder zu beiden Seiten immer enger stehen, glaubt man eher an ein Wiedersehen mit Caspar David Friedrich oder Kosegarten, als an ein pulsendes Hier und Jetzt, wie es ein solcher Ort verspricht. Und wirklich: Friedrichscher Landschaften wird man hier noch ohne Beigabe touristischer Menschenmengen gewahr. Hier könnte Kosegarten tatsächlich noch lustwandeln. Und die Kirche sieht nach erfolgreichem Auffinden auf den ersten Blick auch so aus, als hätte sie zuletzt den Romantikern als Anschauung gedient.

Dass sie ihre heute wieder erwirkte Standhaftigkeit aber mutigem Streiten im Hier und Jetzt verdankt, wird alsbald deutlich, wenn auf der kleinen, eigens für die Betrachtung langer Sonnenuntergänge aufgeschütteten Anhöhe am Rande des Kirchhofs Carsten Zillich ihre Geschichte erzählt. Mit dem einen Auge Visionär, mit dem anderen Realist, blickt der emeritierte Stadtplaner der Hansestadt Stralsund auf die älteste erhaltene Fachwerkkirche im Ostseeraum und durchblättert die Chronik vergangener Jahrzehnte. Die Kirche war dem Verfall preisgegeben. Ausgeräumt und aufgegeben. Ihr Schicksal war besiegelt. Die Malerin Anneliese Hoge empfand es freilich als beschämend, suchte und fand Gleichgesinnte und rettete vorerst, was zu retten war. An eine der Weihe gemäße Nutzung war da noch nicht zu denken. Zu klein war die Gemeinde. Zu ohnmächtig das Pastorat. Zu gering die staatliche Wertschätzung. Aber

LANDESKIRCHE
Pommersche Evangelische Kirche
ÖFFNUNGSZEITEN
Ostern bis Oktober
täglich 9.00—19.00 Uhr
PROGRAMM
Mai bis September
»Landower Musiksommer«
mit Musik, Lesungen, Film, Kunstinstallationen und Führungen
GOTTESDIENST
zu besonderen Anlässen
KONTAKT
Carsten Zillich
VERANSTALTER
Freundeskreis Kirche zu Landow
Landow 2
18573 Dreschvitz
Telefon (03 83 06) 238 80
INTERNET
www.kirchelandow.de

Altar, Taufe, Beichtstuhl und Kanzel von Elias Keßler (Stralsund), dem bedeutendsten pommerschen Bildhauer des 18. Jahrhunderts

Die bemalte Holzdecke zeigt einen Engel, eine Fanfare blasend.

umtriebiger Einsatz und eine »Friedliche Revolution« machten Umdenken und Aktivitäten möglich: Das Dach und der Turm wurden gesichert. Anneliese Hoge war mit ihren Studenten mehrfach vor Ort, lehrte, ermunterte zu eigenständigem Sehen, offenbarte den verlassenen Ort als Refugium Zeugnis gebender Strahlkraft, dem Elias Kessler in der Barockzeit ein künstlerisches Gewand gegeben hatte. Mit Pastor Christian Ohm ließ sich gleichfalls jemand auf Landow ein, der seine Möglichkeiten aktiv und kreativ zu nutzen verstand.

Um 2000 organisierte sich ein Freundeskreis, in dem mit dem Pfarrer vor allem Carsten und Christina Zillich und Ingenieur Klaus Grützmann die Geschicke mit Liebe und Sachverstand in die Hände nahmen. Dabei wollte niemand mit neuem Hochglanz die Landower Verwitterung aufpolieren. Nein – ihr Wille und Werk war es, die Kirche mit ihrer gelebten Geschichte zu zeigen. Mit dem Charme des Vergänglichen, des nicht fertig Gewordenen, Abgebrochenen, Verfallenen. Sie zeigt sich, wie sie ihre Gemeinde genutzt und verlassen hat: Als eine spirituelle Geschichtsoase für Wanderer, als inspirierender Wissensquell über Geschichte und Gegenwart. Seither werden jährlich Künstler eingeladen, für einen Sommer Innen- und Außenraum der Kirche thematisch zu gestalten. Erinnerungen werden bei Zillichs wach, wenn sie sich der Installation »An- und Abwesenheit von Gott« entsinnen: Mitten im Altarraum ein Telefon. Zeichen und Angebot, Gott anzurufen. Die Installation stiftete Unverständnis auf der einen, Mut auf der anderen Seite – und blieb nicht ungenutzt.

Dank der Umtriebigkeit des Freundeskreises, der Betreiber der Kirche an der uralten Herings- und Salzstraße ist, wurde der Landower Kirche durch etliche Stiftungen große Hilfe zuteil. Eine Leinwand über der Empore ermöglicht eher kirchenuntypische Unterhaltung. Sie wird regelmäßig genutzt und bringt Anwohner, Freunde und Gäste immer wieder zu Gottesdiensten, Konzerten und Filmrunden zusammen. So jährlich am

LEBENDIGE VERGÄNGLICHKEIT IN DER GEGENWART

Im Jahr 2000 ist mit dem Projekt »Kultur- und Wegekirche Landow« der »Freundeskreis Kirche zu Landow« in der Kirchengemeinde Samtens gegründet worden.
Seit 2009 agiert dieser etwa fünfzig Freunde und Förderer umfassende Freundeskreis als e.V. und engagiert sich finanziell und inhaltlich in der behutsamen Sanierung der Kirche, fördert eigenständig Bauprojekte und akquiriert Spenden und Sponsoren.

Israelsonntag, den Pastor Ohm zu einem Schwerpunkt-Gottesdienst in Landow hat werden lassen. Im August 2010 predigte er gemeinsam mit dem mecklenburgischen Landesrabbiner Dr. William Wolff. Der Solo-Bratschist Ulrich von Wrochen spielte im Gottesdienst Werke Johann Sebastian Bachs und jüdischer Komponisten des 20. Jahrhunderts. Im Anschluss an den Gottesdienst drehten alle die Stühle und saßen, umgeben von den Engeln der diesjährigen Installation, im Kino. Was es zu sehen gab? Bewegende Gegenwart Israels in bewegenden Bildern: »Alles für meinen Vater«.

Jede der jährlich wechselnden Arbeiten und Installationen hinterlässt eigene Spuren in Landow. Nie wird alles abgebaut. Immer bleibt etwas stehen. Erinnert. Lässt die Zeit sichtbar bleiben. Wenn man nach einer Geist und Sinne füllenden Innenschau die Kirche wieder verlässt, verabschiedet sie sich mit einer dieser Spuren, zwei in Großbuchstaben mit weißer Tünche auf die grobe Holztür geschriebenen Worten: »GOTT IST«. ○

Nach der Christianisierung Rügens ab 1168 ist der jetzige Bau im Zuge der im 14. Jahrhundert auch auf Rügen einsetzenden deutschen Einwanderung erbaut worden

NIEDERSACHSEN

CITYKIRCHE ST. JAKOBI HILDESHEIM

Jakobikirchgasse 1
31134 Hildesheim

Anfang 13. Jh. erste Erwähnung Jakobuskapelle auf einem Zweig des Jakobsweges
1503/14 gotische Kirche mit Turm
1542 Kirche wird evangelisch
17./18. Jh. Innenraum barockisiert
1945 Kirche brennt vollständig aus
1948/49 Wiederaufbau

INSELKIRCHE LANGEOOG

Kirchstraße 3, 26465 Langeoog

1888/90 im neugotischen Stil erbaut (vermutlich der vierte Kirchenbau der Insel)
1957/58 grundlegende Renovierung im Stil und Zeitgeist der späten 1950er Jahre und Erweiterung
1987/89 Restaurierung und Wiederherstellung des ursprünglichen neugotischen Stils
1990 modernes Altarbild des Malers Hermann Buß
1992 Einbau der Alfred-Führer-Orgel
1993 Friedensleuchter, geschaffen von Claus Walther, Schmiedemeister in der sächsischen Partnergemeinde Polditz

CITYKIRCHE ST. JAKOBI HILDESHEIM

In Hildesheim hat das Alter der Kirchen eine eigene Zählung. Andernorts stammen die ersten ernstzunehmenden urkundlichen Erwähnungen und Bauten aus der Barockzeit, hier in Hildesheim ist die tausendjährige Kirche St. Michaelis, seit 1985 auf der Weltkulturerbe-Liste der UNESCO, das Maß aller Dinge. Die Citykirche St. Jakobi muss sich, obschon bereits zu Martin Luthers Zeiten 1514 als einschiffige Saalkirche geweiht und seit 1542 Ort protestantischer Gottesdienste, damit begnügen, erst an untergeordneter Stelle im Besichtigungs- und Erlebnisprogramm des geneigten Besuchers der kleinsten Großstadt Niedersachsens zu stehen. Den Hildesheimern selbst geht es womöglich anders, was schon daran liegt, dass die Citykirche tatsächlich im Herzen der Stadt steht und man nur schwerlich einen Bogen um sie machen kann. Sie aber kommen in der Regel auch weniger um des Bauwerks und seiner Ausstattung wegen. Davon ist nämlich seit den Bomben vom März 1945 nichts mehr übrig. Auch die gebliebenen Außenmauern sind – abgesehen von den schlank aufstrebenden, typisch gotischen Fenstern, dem Kreuzigungsrelief von 1546 an der Südseite und den Figuren des Jakobus des Älteren mit Muschel und Stab und der Gottesmutter mit dem Kind aus der Erbauungszeit – kein Kleinod per se. Die Kirche steht da als eine unter vielen. Wer sie betritt, tritt unter dem Pilgerzeichen des Jakobus in einen klaren, schmucklosen Raum. Der Schmuck von St. Jakobi ist im Licht der 1954 von Kurt Sohns gefertigten Fenster der Gast selbst: Der Ratlose und die Neugierige, die Mittagsmüde und der Zweifler, der Sinnsucher und das im Spiel lachend hereinflitzende Kind. Sie alle sind das Leben der Citykirche St. Jakobi. Sie alle sind hier willkommen und prägen das innere Antlitz dieser Kirche.

Der parallele Charakter von Citykirche und einstiger Pilgerstätte entlang eines Jakobsweges trifft sich auch über den ersten Blick hinaus auf wunderbare Weise im Charakter der Wegekirche. Unter dem Symbol der

LANDESKIRCHE
Evangelisch-Lutherische Landeskirche Hannovers

ÖFFNUNGSZEITEN
Mo, Mi bis Sa 10.00—18.00 Uhr,
So 15.00—18.00 Uhr

PROGRAMM
Heiligabend 14.00—18.00 Uhr »Rastplatz« – buntes Zusammentreffen unterm Tannenbaum,
Regelmäßige Veranstaltungen in Kooperationen mit der Universität, dem Theater und Bildungsträgern der Stadt

GOTTESDIENST
Mo bis Sa 12.00 Uhr Mittagsgebet,
Mi 18.00 Uhr Friedensgebet,
Sa 18.00 Uhr Vesper

KONTAKT
Pastorin Nora Steen

VERANSTALTER
Kirchenkreis Hildesheim-Sarstedt,
Citykirche St. Jakobi
Jakobikirchgasse 1
31134 Hildesheim
Telefon (05121) 2957353

INTERNET
www.citykirche-hildesheim.de

Die Citykirche St. Jakobi hat ihren Platz mitten in der Stadt. Glauben und Leben, Kontemplation und expressive Lebenslust geben sich hier die Hand.

ESPRIT

Muschel, mit der der Pilger seinerzeit Wasser schöpfte, will die Hildesheimer Citykirche selbst Quelle für die Dürstenden sein. Ein- und Ausgehenden soll der Raum Rastplatz im Unterwegs des Lebens sein. Fundgrube der Kraft. Ort der Zentrierung. Wie den Einsamen, denen an Heiligabend hier die Türen offen stehen. Ein- und Ausgehenden will Pastorin Nora Steen das Gefühl der Stärkung geben, sei es mit oder ohne Brot und Wein. Mit oder ohne viele Worte. Aber immer mit einem Strahl der Kraft des lebendigen Gottes. Bedenkt man die unterschiedlichen Beweggründe, die Menschen hierher führten, dann stellt sich die Frage nach dem richtigen Wort in der Begegnung immer wieder neu. Selbstverständlich findet es sich nicht. Selbstverständlich ist auch nicht, dass es beim anderen ankommt. Der von oben wie mit einem weiten weichen Vorhang rot überspannte Raum ist für das gegebenenfalls Unsagbare oft eine große Hilfe. Er spricht für sich. Durch sich. Und lehrt auch Nora Steen oft das Innehalten, das sie für ihre Aufgabe, die sie mit viel Verve, Energie und Geschick angeht, braucht. Unter diesem Dach will sie die Kirche auch zu untypischen Zeiten und für untypische Besucher zum Ort der Begegnung machen – etwa zur Nacht in der Jakobi-Lounge oder in den Andachten, die wie selbstverständlich mit den Ausstellungen in einen Dialog treten sollen, statt diese nur zu beäugen oder von ihnen getrennt gefeiert zu werden. Ein prägender Raum fordert ein Miteinander in Gemeinsamkeit. Ohne Abgrenzung, ohne Nischen – im Erkennen und Nutzen beidseitiger Ideen und Qualitäten.

Wie der Besucher hier seine ganz unterschiedlich geartete Auszeit sucht, suchen die Hildesheimer Jakobiner nach der Form, den Besuchern diese Auszeit zu einem Erlebnis zu machen, das im Einklang mit dem Ort und seiner Kraft steht. Teilweise bedeutet dies, ganz pragmatische Entscheidungen zu treffen. Wer Kirche als einen Ort des Erlebens zeigen will, wer beweisen will, dass Kirche etwas kann, muss mitunter

**AUF DEM LEBENS-WEG
AM PILGER-WEG**

Die Citykirche St. Jakobi in Hildesheim steht für ein Dasein für die Menschen auf dem Boulevard der Stadt – mit hochhackigen und ausgetretenen Schuhen.
Mit Pastorin Nora Steen sucht die Kirche den Kontakt zum Hier und Heute und macht erlebbar:
Kirche kann mehr! Sie kann lächeln.
Sie ist offen – nicht nur ihre Tür.
Die Jakobi-Lounge ist eine der vielfältigen soziokulturellen Aktivitäten dieser Kirche.

aufräumen, muss neuen Gedanken einen praktischen Weg bahnen können. Hier kommt Nora Steen zugute, dass sie nicht nur in der Theologie, sondern auch im Management zuhause ist. Hier kommt ihr zugute, dass sie aus vielerlei Erfahrungen weiß, wie wichtig es ist, lächelnd empfangen zu werden, wo einem selbst das Lächeln gerade vergangen ist. So steht sie selbst mit gewinnendem Lächeln an der Pforte ihrer Kirche, lädt ein und ist offen für die verschiedensten Kooperationen, die die kreative Stadt zu bieten hat und öffnet die Türen denen, die im gemeinsamen Ansinnen etwas zu sagen haben oder etwas sagen wollen – unter anderem dem Ensemble des ortsansässigen Theaters für Niedersachsen mit einem hinreißenden Benefizkonzert für die Opfer der nuklearen Katastrophe in Japan.

Am Ende eines Tages hat hier übrigens immer Nora Steen das letzte Wort. Ob es laut war oder leise, bunt oder schwarz-weiß, traurig oder fröhlich – wenn Sie gehen, gehen Sie mit dem Segen. ○

Leben und Leben lassen – das Benefizkonzert des Hildesheimer Theaters für die Opfer der nuklearen Katastrophe in Japan 2011 spiegelt das Konzept der Citykirche am Wege

INSELKIRCHE LANGEOOG

Die ostfriesischen Inseln, die sich vor dem Festland wie ein Reigen von Kinderhand gelegter Muscheln aneinander schlängeln, waren zur Zeit der Christianisierung der Küstenlandschaft noch unbewohnte Eilande. Während auf dem Festland schon erste Kirchen entstanden, stand dort noch keine Hütte. Das durch Sturm und Wellen immer wieder bewegte Terrain ließ auch nur schwer Kirchenbauten von Dauer zu. Stand die Kirche heute als Wahrzeichen des Glaubens ihrer Erbauer, machten die Naturgewalten mit Flugsand, Sturmfluten, Dünenabbrüchen etc. das Menschenwerk morgen wieder zunichte. Die Kirche fand sich unversehens am ungeschützten Strand wieder und musste andernorts gänzlich neu erbaut werden. So künden die Inselkirchen in besonderer Nähe zu ihrem Land und seinen Bewohnern von der Geschichte der Inseln, von ihrem ungewöhnlich engen Miteinander mit den Elementen. So sind die Inselkirchen und die Inselbewohner auf besondere Weise miteinander verwoben. Auch auf Langeoog.

Die heutige Inselkirche hat einige Vorgänger, auf deren Grund heute Gras wächst. Sie selbst verdankt ihre Existenz dem seit etwa 1830 aufkommenden Fremdenverkehr und dem Zisterzienserkloster Loccum. Dieses hatte 1885 ein Hospiz hier errichten lassen. Im Zuge dessen wuchs die Infrastruktur der Insel, mit ihr die Besucher ... und die alte Kirche wurde zu klein. Es ging wohl nicht ohne Auseinandersetzungen, schlussendlich aber wogen die finanziellen Anreize seitens des Kuratoriums des Klosters die autonomen Bestrebungen der Insulaner auf und in gemeinsamer Anstrengung entstand die heutige Kirche, die 1890 geweiht wurde. Seither sind auch die Pastoren auf Langeoog seßhaft geworden. Während bis dahin die Pastoren im Schnitt nach dreieinhalb Jahren die Insel wieder verließen, währte es seither mindestens 23 Jahre – Zeit, sich mit der Insel und ihren Bewohnern anzufreunden. Zeit, mit der Gemeinde zu leben und ihr Leben mit zu gestalten. Torsten Both ist seit 2001 Pastor auf Langeoog. Er kennt

LANDESKIRCHE
Evangelisch-Lutherische
Landeskirche Hannovers
ÖFFNUNGSZEITEN
April bis Oktober
täglich 9.00—19.00 Uhr,
November bis März
täglich 9.00—16.00 Uhr
PROGRAMM
Gottesdienste, Andachten,
Konzerte, Raum der Stille
GOTTESDIENST
April bis Oktober
Sonntags 9.30 Uhr,
November bis März
Sonntags 10.00 Uhr,
April bis Oktober
Sonntags 11.00 Uhr
Familiengottesdienst,
Mitte Juni bis Mitte September
Mittwochs 20.00 Uhr
Andachten in der Kapelle
auf dem Dünenfriedhof
KONTAKT
Evangelisch-lutherisches Pfarramt
Inselpastor Torsten Both
VERANSTALTER
Evangelisch-lutherische
Kirchengemeinde Langeoog
Hauptstraße 13
26465 Langeoog
Telefon (04972) 922449
E-Mail kg.langeoog@evlka.de
INTERNET
www.inselkark.de

Die Inselkirche auf Langeoog – Ort bewegender Gottesdienste, Konzertsaal, Raum der Stille – eines von zwei Gotteshäusern auf der »Insel fürs Leben«. Die Gräber rings herum erinnern Einheimische wie Urlauber still daran, dass die Lebenszeit begrenzt ist.

seine Insel schon beinahe wie seinen Rucksack, der ihn auf den Dienst- und Pilgerwegen über die Insel begleitet. Wenn er über die Insulaner und ihre Seßhaftigkeit, über die Besucher und ihre Treue zur Insel spricht, spürt man, dass auch er hier ein Zuhause gefunden hat. Das Erkunden dieses Zuhauses und seiner Geschichte in achtsamer Nachbarschaft mit dem »blanken Hans«, wie die Nordsee hier genannt wird, ist inmitten vieler pfarramtlicher Aktivitäten, die eine Insel mit Haupt- und Nebensaison samt vermeintlicher winterlicher Ruhezeit mit ihren Bewohnern und Urlaubern, ihren Bedürfnissen und Wünschen mit sich bringt, für Torsten Both ein wichtiges Anliegen geworden – und eine Besonderheit im Leben der Gemeinde. Wo andere Langeooger Wandern durchs Watt, Erkundungen der Vogelwelt der Insel und andere Aktivitäten in der Natur anbieten, hat er im ökumenischen Verbund den Langeooger Pilgerweg entwickelt – einen Fußweg zu den spirituellen und geschichtlich damit verknüpften Schlüsselpunkten der

Insel. Begehbahre Erfahrung, erwanderte Erkenntnis ist das Programm dieses Pilgerweges. Dabei macht der Weg quer über die sonst dem Urlauberidyll verpflichtete Insel an sehr unterschiedlichen Orten der Besinnung halt. Beginnend in der katholischen Gemeinde St. Nikolaus mit ihrer zum Ort hin membranartigen, lichtdurchwirkten Fensterseite führt der Weg in die Geschichte der NS-Zeit, die auch um Langeoog keinen Bogen gemacht hat. Sowjetische Kriegsgefangene waren hier zur Arbeit inhaftiert. Eine in die Gehwegplatten eingelassene Erinnerung »Todesursache allgemeine Körperschwäche« erinnert an den mit zynischer Genauigkeit dokumentierten Tod viele Kriegsgefangener vor Ort. Aus dem eigenen Kriegserleben und dem seiner auf der Flucht hier gestrandeten Landsleute hat sich der Baltendeutsche Jürgen Baron von Schilling (1909 bis 2008) auch ihrer Geschichte angenommen und den Dünenfriedhof errichtet. Hier ruht noch eine weitere Kriegserinnerung, die zur Legende geworden ist: Lale Andersen, die Sängerin von »Lili Marlen«, ist hier begraben. Während des Weges, der auch an Bullerbü vorbei führt, gibt Torsten Both den Pilgernden zwischen den Stationen immer wieder Fragen auf den Weg. Anstöße zum gerade Erlebten. Anstöße für das Leben.

Der Pilgerweg hat sein Ziel in der täglich offenen Inselkirche. Hier, wo sich Jung und Alt begegnen und der Lebenskreis vieler Insulaner beginnt und endet, ist der Schmelzpunkt der Gemeinde. Hier bringen sich übers Jahr auch viele Besucher in das Gemeindeleben ein. Ihre Impulse vervielfältigen das Gemeindeleben in Veranstaltungen und im Gottesdienst. Hier erwartet Sie inmitten der neogotischen, von Pflanzenmotiven geprägten Ornamentsprache auch ein Altarbild, das Sie womöglich nicht schön finden. Das auch gar nicht schön sein will. Das Sie aber so schnell nicht vergessen. Eine Aufforderung zum Dialog. Eine Aufforderung zum Bekenntnis zum ungeschminkten Leben. So, wie das Leben – auch auf einer Nordseeinsel – ist. ○

KAPELLE HAUS MEEDLAND
Eine Station auf dem Pilgerweg – die Kapelle von »Haus Meedland«, Hauskapelle für die Gäste des Freizeitheims der Bremischen Evangelischen Kirche, zugleich Ort des Gedenkens an die sowjetischen Kriegsgefangenen, die an gleicher Stelle im Winter 1941/42 hier ums Leben kamen.

Das Altarbild des Malers Hermann Buß aus Norden von 1990 ist seitdem immer wieder Anstoß für eigene Gedanken und Gespräche zwischen den Besucherinnen und Besuchern der offenen Inselkirche.

Familiengottesdienste sind immer eine bewegende Sache für Kleine und Große.

29

NORDRHEIN-WESTFALEN

CHRISTUSKIRCHE BOCHUM

Am Platz des europäischen Versprechens, 44787 Bochum

1877/79 Bau im neugotischen Stil
1929/31 Bau der »Helden-Gedenkhalle« im Turm
1933 »Bochumer Bekenntnis«
1939 Hans Ehrenberg ins KZ verschleppt (1940 Emigration)
1943 Kirchenschiff zerstört
1956/59 Neubau des Kirchenschiffs, Architekt Dieter Oesterlen
1998 bis 2005 Turmrestaurierung
2000 Konzeptentwicklung für eine Synodal- und Bürgerkirche
Seit 2001 »Kirche der Kulturen«
Seit 2005 »Platz des europäischen Versprechens«

ST. REINOLDI DORTMUND

Ostenhellweg 2, 44135 Dortmund

10. Jh. Bau einer Stiftskirche
11. Jh. Kirche wird als Pfarrkirche zur Hauptkirche Dortmunds
1261 älteste Nennung »Reinoldikirche«
1562 Annahme des Augsburger Bekenntnisses
17./18. Jh. Schenkung und Verkauf religiöser Objekte und Reliquien
19. Jh. Renovierung und neue Orgel
1909 1. »Westfälisches Bachfest«
1914/18 Glocken, Kupferdach und Orgelprospekt werden der Rüstungsindustrie gespendet
1930/45 Ort der Bekennenden Kirche, wird im Krieg zerstört
1950/56 Wiederaufbau
ab 1991 Tanzprojekte, Ausstellungen und Konzerte
2010 »LichtKunstRaum sanktreinoldi«, Projekt zur Kulturhauptstadt Europas 2010

Tief im Westen, wo die Sonne versinkt ... wo die Häuser von sich aus zum Grau tendieren und man Schönheit nur dem anderen attestiert, weil man gar nicht auf den Gedanken kommt, dass Selbstbewusstsein eine annehmbare Tugend ist ... dort liegt Bochum. Gleich neben Dortmund, wo man nicht nur von der Champions League träumt, sondern sie schon einmal gewonnen hat. Bochum: Stadt der Taubenzüchter und der Reviermalocher. Stadt des VfL und der Christuskirche. Auch die kann, obschon in einschlägigen Architekturführern ob ihrer eigenwilligen Architektur mit gestaffeltem Grundriss und Integration des neogotischen Turms gelobt, so gut gar nicht sein, als dass sie den Stolz ihrer Besucher und ihrer Gemeinde verdient. Wie ginge das an? Nun: Pfarrer Thomas Wessel ist stolz auf seine Kirche. Er ist auch stolz auf die Gemeinde dieser Kirche. Für sie und darüber hinaus für viele andere, die scheinbar so gar nicht in die Kirche passen wollen, öffnet er die Türen der Christuskirche wie offene Arme der Kultur. Kultur heißt hier in Bochum nicht nur Hochglanzkunst, nicht nur Berühmtes und Bewährtes. Kultur heißt hier in erster Linie Experiment, lautes wie leises. Unfertiges wie Unwägbares. Wenn hier Kultur auf dem Programm steht, macht sich kein Premieren- und kein Anrechtspublikum auf den Weg. Hier treffen sich Szene und Randgruppen, Individualisten und Idealisten, um auf ihre Kosten zu kommen. Vor dem Kreuz. Mit der Orgel im Rücken. Wie das geht, ist immer eine Frage der Phantasie. Eine Frage der Offenheit und der Akzeptanz. Eine Frage des Ziels.

Man muss kein Christ sein, um in die Christuskirche zu kommen, stellte Ian Anderson von Jethro Tull fest, als er hierher kam. In diese Kirche, die keine Kulturkirche ist, sondern eine Kirche der Kulturen. Eine protestantische Kirche eben, die dieses Prädikat ernst nimmt und auf seine Belastbarkeit hin prüft. Wer hier ist und arbeitet, fragt nach Gott und dem anderen. Wer hier ist und arbeitet, antwortet, indem er andere fragt, wie sie

LANDESKIRCHE
Evangelische Kirche in Westfalen
ÖFFNUNGSZEITEN
Je nach Anlass
PROGRAMM
Stil, der sich keinem Stil verschreibt
GOTTESDIENST
Synodale und
besondere nach Anlass
KONTAKT
Pfarrer Thomas Wessel
Westring 2
44787 Bochum
E-Mail wessel@christuskirche-bochum.de
TRÄGER
Evangelischer Kirchenkreis Bochum
INTERNET
www.christuskirche-bochum.de
www.kirche-der-kulturen.de
www.urban-urtyp.de
www.PeV2010.de

Modernes Kirchenschiff, das sich abgesetzt hat vom Turm mit »Helden-Gedenkhalle«: Das Ensemble, in der Architekturkritik hoch gelobt, verdeutlicht den Bruch mit der Vergangenheit, ohne sie zu leugnen.

Was passiert, wenn wir im Anderen uns selber sehen? Der bilder- und pfeilerlose Kirchenraum, ein Fremdkörper im Bild der Stadt.

WOLFGANG SEIFERT · ULLA WIMMER
KATHRIN KUCHLING · MICHAEL LINDERMANN
OLF TSCHIRBS · SUSANNE KERL · THOMAS
CHRISTINE EISELEN · MALTE
ISELOTTE KNALL · MARKO
BÖDDIGER · THORSTEN
MANN · ANJA

sich selbst und andere sehen. Jede dieser Antworten, schreibt die Geschichte, die diese Kirche erzählt, fort. Thomas Wessel sieht für seine Kirche einen Auftrag, der weit über ein vielfältiges Angebot an Veranstaltungen hinausgeht. Kultur, sagt er, ist kein Lückenfüller, um Kirchenräume zu bespielen, die man womöglich aufgegeben hat. Vielmehr spiegelt sie den Lebenswillen und den Lebensausdruck ihrer Gesellschaft, ihre Realität vor Ort. Deshalb müsse sich die Kirche auch wesentlich stärker (kultur-)politisch engagieren. Dieses Verständnis hat in Bochum Tradition. In der Christuskirche predigte Hans Ehrenberg 1933 gegen den Nationalsozialismus: »Wir sagen Nein ... der völkische Mensch will Heldentum und Kameradschaft, wir wollen Auftrag und Bruderschaft.« Er war konvertierter Jude, Mitbegründer der Bekennenden Kirche und Mitautor der Bochumer Bekenntnisse.

Heute erinnert der Hans-Ehrenberg-Preis an ihn und zeichnet Menschen aus, die sowohl in gesellschaftspolitischen Diskursen als auch in der interdisziplinären Wissenschaft genuin protestantische Profile in öffentlicher Auseinandersetzung vertreten. Thomas Wessel selbst steht in dieser Tradition, wenn er Marianne und Petra Rosenberg einlädt, die Geschichte ihrer Familie, die die Geschichte deutscher Sinti im vergangenen Jahrhundert ist, zu erzählen. Er steht in dieser Tradition, wenn er gemeinsam mit »Kosmopolen«, der deutsch-polnischen Künstlerinitiative im Revier, Kroke einlädt – das Trio, das durch Steven Spielbergs »Schindlers Liste« bekannt geworden ist und den jiddischen Klezmer in die Gegenwart holt. Und er steht in dieser Tradition mit dem 2007 initiierten »Platz des europäischen Versprechens« unmittelbar vor der Christuskirche – einer Initiative in Zusammenarbeit mit Jochen Gerz und der Stadt Bochum. Mit dem Ansinnen, den vielen Stimmen Europas und damit der Toleranz einen Ort zu geben, wurde dieser Platz begründet. Jeder Teilnehmer dieses Versprechens wird in den schwarzen Basalt

**VIELE KULTUREN
UNTER EINEM DACH**

Was für Gott gilt, gilt für die Kultur schon lange - auch sie wohnt nicht in Tempeln. »Kulturtempel« oder was man dafür hält, gibt es keine. Und weil Kirchen keine Tempel sind für Gott, sind sie Spielräume der Freiheit. Die einen sagen, Gott höre am liebsten Mozart, andere tippen auf die Stones, wie der andere meinen, Gott sei ein DJ. Die Christuskirche Bochum steht mit Pfarrer Thomas Wessel für eine Kirche der Kulturen in mannigfacher Form.

eingeschrieben. Jeder Name steht für ein Versprechen. Ausgangspunkt dieser Arbeit Gerz' ist die Helden-Gedenkhalle des Turmes der Christuskirche von 1931, in der sowohl die Namen der Gefallenen der Gemeinde als auch die Namen der 28 »Feind-Staaten« Deutschlands im goldenen Mosaik eingelassen sind. Gerz stellt mit dem Platz des europäischen Versprechens dieser Liste des Todes und der Feindseligkeit einen Ort der Lebendigkeit und der Toleranz gegenüber. Einen Raum der Demokratie, der als begehbarer Ort des Friedens die direkte Verbindung mit der Christuskirche eingeht. Innen und Außen, Kirchenschiff, Kirchturm und Platz verschränken den Glauben und die Jahrhunderte.

Thomas Wessel und seine Frau Ayla sind für das pulsierende Programm der Christuskirche täglich unterwegs. Sie wissen, dass Pläne und Erwartungen täglich neu geschrieben werden. Sie sind gegen das Scheitern ihrer Ideen für ihre Kirche nicht versichert. Aber sie sind sicher, dass die Gemeinde ihrer Besucher sie trägt. ○

Zwischen Hilde Domin und Billie Ray Martin: Kirche als Raum für die Schönheit des Plurals. Im Bild: die Neo-Romantiker von der Gruppe »Faun«

St. Reinoldi hat eigentlich schon immer ihren Platz im Herzen der Stadt in Schwarz-Gelb gehabt. Seit mehr als tausend Jahren steht hier im munteren Treiben am Hellweg eine den Stadtpatron im Namen tragende Kirche. Die Geistlichen von St. Reinoldi schlossen sich als erste der Reformation an und übernahmen 1562 offiziell das Augsburger Bekenntnis. Auch mit dem Westfälischen Frieden blieb nach vierzig entbehrungsreichen Kriegsjahren die Kirche evangelisch und die ranghöchste der Stadt. Der gewaltige Bau forderte freilich regelmäßig seinen Tribut: Im Fortlauf der Zeiten hat sich St. Reinoldi oftmals durch die Veräußerung angesammelter Kunstschätze über Wasser halten müssen. Dank königlicher Unterstützung wurde das Gotteshaus im 19. Jahrhundert renoviert und erhielt eine große Orgel, die ihren Anteil daran hatte, dass 1909 hier erstmals das bis heute stattfindende »Westfälische Bachfest« ausgetragen wurde. Behaupteten die Geistlichen von St. Reinoldi im 16. und 17. Jahrhundert ihr reformatorisches Bekenntnis, war in den 30er Jahren des vergangenen Jahrhunderts wieder Mut gefragt, den die Pfarrerschaft ein weiteres Mal aufbrachte: Während vielerorts die Deutschen Christen in Treue zum Reich den Machenschaften der NS-Diktatur aufsaßen, war St. Reinoldi Ort christlich-reformatorischen Mutes. Die Kirche entwickelte sich zu einer wichtigen Heimstatt der Bekennenden Kirche.

Die Zerstörung Dortmunds ließ 1944 auch von St. Reinoldi wenig übrig. Legendär wurde indes das Triumphkreuz der Kirche, das nach einer nächtlichen Bombardierung unversehrt in den Ruinen zwischen den Pfeilern hing. Das Foto dieses Kreuzes wurde für viele zum programmatischen Bild ihres Glaubens. Bis 1956 wurde die Kirche wieder aufgebaut und trägt seither auch wieder eine Wetterfahne, die St. Reinoldi zu einem Symbolträger kontinuierlicher Kommunalität macht. 1991 ist eine neue Zeit für die Kirche angebrochen, die erst allmählich in das Bewusstsein überging, heute

LANDESKIRCHE
Evangelische Kirche in Westfalen
ÖFFNUNGSZEITEN
Mo bis Sa 10.00—18.00 Uhr,
So 13.00—18.00 Uhr
PROGRAMM
1. und 3. Samstag im Monat
14.00 Uhr Kirchenführung,
Oktober bis Januar
Dienstag 19.30 Uhr
»Bild und Klang« – Vorlesungsreihe
GOTTESDIENST
Sonntags 11.30 Uhr
KONTAKT
Pfarrer Michael Küstermann
VERANSTALTER
Stadtkirchenbüro St. Reinoldi
Ostenhellweg 2
44135 Dortmund
Telefon (0231) 8823013
INTERNET
www.sanktreinoldi.de

aber selbstverständlich ist. Damals, beim Kirchentag im Ruhrgebiet, suchte man nach Freiräumen, machte sich Brückenschläge in die Region zum Programm und legte alle vagen Visionen Pfarrer Michael Küstermann in die Hände. Dieser agiert bis heute mit unermüdlicher Umsicht für die lebendig gebliebene Hauptkirche der Stadt – mit allen ihren Erfolgen und allen Kämpfen um den Erhalt dieses einzigartigen Raumes mitten in der Stadt. Damals, Anfang der 1990er Jahre, war der Erfolg des Freiräume-Konzeptes bahnbrechend, schuf unvermutete Aufmerksamkeit, verpflichtete aber auch zu einer kontinuierlichen Fortführung der so inspirierten Anfänge. Die Erkenntnis, wie elementar wichtig es ist, mit Kunst und Kultur nicht nur in's Gespräch sondern darüber hinaus auch in die tatkräftige Aktion zu kommen und dabei allen theologischen Ansprüchen der Deutungshoheit über Kunst eine Abfuhr zu erteilen, um den Dialog auf Augenhöhe zu pflegen, schuf eine neue Arbeitsplatzbeschreibung und eine neue Definition der

Die St. Reinoldi-Kirche ist eine offene Kirche im Zentrum Dortmunds, die täglich von vielen hundert Menschen aufgesucht wird, um Ruhe zu finden oder Obdach, um zu beten oder eine Kerze zu entzünden, um die kulturhistorisch bedeutsamen Schätze zu betrachten oder einen Menschen zu finden, der zu einem Gespräch bereit ist.

Kulturarbeit, wie sie insbesondere für Stadtkirchen von zentraler Bedeutung ist. Ursprünglich gemeinsam mit St. Petri wird hier Kultur in vielfältiger Art und Weise gezeigt und vermittelt – unter anderem in Verbindung mit Tanzprojekten wie den getanzten Gefühlen »Quinto-Movimento«, einer Tanzproduktion zu Werken Johann Sebastian Bachs in der Choreographie von Elio Gervasi, die der Beitrag von St. Reinoldi zum Projekt »Licht und Raum« der Kulturhauptstadt 2010 war und in der vertanzten Interpretation von »Wachet auf, ruft uns die Stimme« einen gefeierten Höhepunkt hatte. Gleichermaßen haben Ausstellungen und Musik ihr Zuhause in dieser Kirche.

Mit allen Projekten wollen Michael Küstermann, Pfarrerin Silke Konieczny und Kantor Klaus Eldert Müller sowie viele ehrenamtliche Helfer und Seelsorger ein Stück Alltagswirklichkeit mit der Kirche verflechten. Dabei suchen sie nicht sofort nach dem Kreuz in der Inszenierung, kommentieren Gehörtes und Gesehenes nicht unmittelbar durch eine spirituelle Deutung. Das empfinden sie als übergriffig, als falsche Form des Dialogs. Diese (Ein)Sicht verschafft ihnen viele offene Türen und Michael Küstermann Hausbesuche ganz eigener Art. Wie der Dorfpastor zu Gemeindegliedern geht, geht Pfarrer Küstermann nicht nur in Wohnzimmer sondern auch in die Hinterzimmer und Kantinen von Kunsthäusern, von Museen und Theatern, von Hinterhofbühnen oder einer Zeche. So entsteht ein neuer Zugang zur Stadt, ein neues Verhältnis zu ihren Bewohnern und ein Dialog, den wir alle führen müssen, wenn uns unsere Kirche lieb und teuer ist: wie bleibt die Kirche wach? Wie bleibt ihre Wertigkeit in unserem Leben und unserer Kultur erhalten, wenn die Menschen zunehmend den Eindruck haben, dass auch Kirche zunehmend Gefahr läuft, sich in schönen Worten zu verlieren, wo Zeit, Zuhören und Handeln gefragt sind. An St. Reinoldi können sie diesen Dialog offen führen. Sie werden nicht enttäuscht. ○

KULTUR BEWAHREN UND BEWEGEN
Mittelalterliche Kirchen haben häufig ein bewegtes Leben hinter sich. Durch die Jahrhunderte verändern sie sich und zeugen von unterschiedlichem Zeitgeschmack, von Zerstörung und Wiederaufbau, von sich wandelnder Glaubenspraxis. Befragt man die Dortmunder Hauptkirche St. Reinoldi und mit ihr Pfarrer Michael Küstermann, gelangt man in ein Universum kulturkirchlicher Aktivitäten auf dem Boden der Tatsachen unserer Zeit.

St. Reinoldi ist Gastgeberin vieler intimer wie exquisit besetzter Kulturveranstaltungen wie des Konzerts »Mare Nostrum – Musik vom Mittelmeer« mit Hespèrion XXI, Montserrat Figueras und Jordi Savall.

KLANGVOKAL
MUSIKFESTIVAL
DORTMUND

NW DÜSSELDORF

BERGERKIRCHE DÜSSELDORF

Bergerstraße 18b, 40213 Düsseldorf

1683 Baubeginn
1687 Einweihung
1766 Orgel von Teschemacher mit 24 Registern
1825 Union der refomierten und der lutherischen Gemeinde Düsseldorf
1881 letzter regelmäßiger Sonntagsgottesdienst
1943 Totalzerstörung
1964—66 Wiederaufbau
2000 »Labor für soziale und ästhetische Entwicklung«
2003 Außensanierung und Innenraumgestaltung durch den Künstler Tobias Rehberger, Diakoniekirche
2006 Lebensmittelausgabe gemeinsam mit der Düsseldorfer Tafel e.V. und Sozialberatung
2009 neue Orgel OR\BIT von Wolfgang Abendroth, Kurt Dahlke und Tobias Rehberger

JOHANNESKIRCHE DÜSSELDORF

Martin-Luther-Platz 39, 40212 Düsseldorf

1881 Einweihung der neu errichteten Johanneskirche
1943 Zerstörung durch Brandbomben des Zweiten Weltkriegs
1953 Wiedereinweihung nach umfangreichen Wiederaufbauarbeiten: Integration des Gemeindehauses mit Büros, Wohnungen und Gemeinde- und Konzertsaal in den vorderen Bereich des Gebäudes
1997 Einweihung des Cafés im Foyer der Kirche
2008 Wiedereröffnung nach Instandsetzung und Modernisierung des Kircheninnenraumes

Man muss sie ein wenig suchen, die Bergerkirche an der Berger Straße 18b in der Düsseldorfer Altstadt. Denn das schlichte, turmlose Kirchengebäude liegt etwas versteckt in einem Hinterhof und ist von der belebten Fußgängerzone aus zwischen Läden und Schaufenstern nur durch eine schlichte Toreinfahrt sichtbar. Eine »heimliche Gemeinde unterm Kreuz« hatte sie einmal sein sollen, als sie zwischen 1683 und 1687 unter katholischer Ägide für die kleine lutherische Gemeinde der Stadt gebaut wurde. Damals musste sie sich zwischen den Häuserzeilen vor den Blicken der Altgläubigen wegducken. Heute ist sie die Diakoniekirche der Stadt und birgt einen der ungewöhnlichsten Kircheninnenräume der Gegend.

Den verdankt sie einem, der einem breiteren Kunstpublikum 2009 nicht etwa durch die Gestaltung eines Sakralraums, sondern durch die Gestaltung einer Cafeteria – der mit dem Goldenen Löwen prämierten Cafeteria der Biennale in Venedig – bekannt geworden war: dem Frankfurter Künstler Tobias Rehberger. Und einem, der sich bereits 1999 – noch als Citypfarrer der Düsseldorfer Johanneskirche – für ein neues Nutzungskonzept der trotz Zentrallage an die Peripherie geratenen Kirche einsetzte: dem heutigen Diakonie-Pfarrer und Diakonie-Vorstand Thorsten Nolting. Dem schwebte nicht nur eine Diakoniekirche für die Stadt und ein Forum für gesellschaftliche Debatten vor, sondern auch ein Ort für die Künste. Darin inbegriffen: die vollständige Neugestaltung des im Zweiten Weltkrieg zerstörten und in den 1960er Jahren wiederaufgebauten Kircheninnenraums durch Tobias Rehberger. Leichter und freundlicher sollte der Raum werden. Und wurde es auch: Wo sich bis dato – gut lutherisch, aber allzu verkündigungsschwer – Altar, Kanzel und Orgel übereinander türmten, leuchtet seit 2003 – umgrünt von Rehbergers Lieblingsfarbe Lindgrün und an den Seiten gefasst von abstrakt gemusterten Filzvorhängen – ein weißer Acrylglasaltar vor weißen Vitra-Design-Stühlen.

LANDESKIRCHE
Evangelische Kirche im Rheinland
ÖFFNUNGSZEITEN
Ganzjährig
Di bis So 13.00—18.00 Uhr
PROGRAMM
Donnerstag 12.00—14.00 Uhr
Lebensmittelausgabe
Donnerstag 19.00 Uhr
»Ringgespräche« mit dem Künstler Johannes Stüttgen, Konzerte auf OR\BIT, Sozialvorträge, Sozialdebatten, Arena des Handelns (Kooperation der Diakonie mit dem »Minus 1 Labor« der Kunsthochschule für Medien Köln)
GOTTESDIENST
Freitags 12.00 Uhr
KONTAKT
Pfarrer Heinz-Werner Frantzmann
Pfarrer Thorsten Nolting
VERANSTALTER
Diakonie Düsseldorf
Thorsten Nolting
Platz der Diakonie 1
40233 Düsseldorf
E-Mail Thorsten.Nolting@diakonie-duesseldorf.de
Telefon (02 11) 7 35 32 11
INTERNET
www.diakonie-duesseldorf.de
www.labor-sozial.de

Lebensmittelausgabe in der Bergerkirche

Blick in die Bergerkirche

Der Altar aus weißem Acrylglas von Tobias Rehberger ist über eine Standleitung mit anderen Düsseldorfer Kirchen verbunden – Evangelische Johanneskirche, katholische Lambertuskirche, griechisch-orthodoxe Agios-Andreas-Kirche. Über Mikrofone werden akustische Signale eingefangen und in Lichtsignale umgesetzt.

KOMMT HER
ZU MIR,
ALLE, DIE IHR
MÜHSELIG UND
BELADEN SEID.
JESUS
IST DER GEIST WO
DES HERRN IST

Über dem Altar anstatt eines Kreuzes und leicht aus der Mittelachse des Raumes versetzt: eine orange-rote Kugelleuchte als präzise danebengeratenes i-Tüpfelchen des Raumes.

Sie könnte auch der leuchtende Punkt eines unsichtbaren Fragezeichens sein. Denn natürlich lässt sich angesichts Rehbergers lindgrünen Chics die Frage nach dem Verhältnis von Diakonie und Design stellen. Und natürlich wäre es ein Leichtes, dann einen Gegensatz zu konstruieren: zwischen Kunstraum und Wärmestube, Hochkunstglamour und Armenfürsorge. Doch Tobias Rehberger, der die Nähe zum Design nicht scheut, geht es nicht um einen sterilen Kunstraum, in dem man sich nur unter besonderen Vorsichtsmaßnahmen bewegen kann. Sondern durchaus um eine »brauchbare« Kunst, die sich gerade dann als Kunst bewährt, wenn sie sich auch im Leben behaupten kann. Anders ginge es auch nicht. Denn die Bergerkirche ist in der Tat kein Ausstellungsraum, sondern ein Lebensraum, in dem Diakonie und Düsseldorfer Tafel einmal pro Woche kostenfreie Lebensmittel an über 250 Bedürftige ausgeben, in dem eine Diakonie-Sozialarbeiterin in den kleinen und größeren Dingen des Lebens berät und wo Obdachlose in den Wintermonaten einen Schlafplatz finden.

»Kommt her zu mir alle, die ihr mühselig und beladen seid!«, steht dann auch auf einem Schild über der Eingangstür. Und die da kommen, werden schon einmal mit Freibier oder einem Nickerchen im Federbett erquickt. »Esst Brot, trinkt Bier!« oder »Schäfchen zählen« hieße das dann und wäre Teil jener sozialdiakonischen Performances, mit denen Thorsten Nolting in der Bergerkirche Diakonie zum Experiment macht. Elementare christliche Überzeugungen will er sinnlich erfahrbar machen: die Gastlichkeit beim Obdachlosenbankett oder die Seelenruhe beim inszenierten Kirchenschlaf. »Man muss sie am eigenen Leib gespürt haben, um zu wissen, welche utopische Kraft in ihnen

DIAKONIE UND KUNST
Die Düsseldorfer Bergerkirche ist als Diakoniekirche der Stadt Forum für neue Strategien des Sozialen, in dem neben Diakoniegottesdiensten, Sozialvorträgen, dem Ethikforum und Einführungsveranstaltungen für die Mitarbeitenden der Diakonie auch künstlerische Veranstaltungen wie die »Ringgespräche« mit dem Künstler und Beuys-Schüler Johannes Stüttgen oder – in Kooperation mit dem »Minus 1 Labor« der Kunsthochschule für Medien Köln – die »Arena des Handelns« stattfinden. Seit 2010 hat sie eine neue Orgel: OR\BIT – ein weltweit einzigartiges, neu erbautes Instrument: ein Synthesizer mit Orgel-Spieltisch von Tobias Rehberger und 3D-Surround-Sound.

steckt«, meint Thorsten Nolting, der unter dem Motto »Raus hier! Jedes Grab ist zu eng« selbst schon die Auferstehung hat üben lassen und dafür eigens ein offenes Grab vor der Kirche ausgehoben hat. »Soziale Übungen« nennt er seine diakonischen Exerzitien. Man könnte auch sagen: Diakonie als soziale Plastik – das hat in Düsseldorf Tradition.

Die Bergerkirche jedenfalls ist darüber zum sogenannten »Labor für soziale und ästhetische Entwicklung« geworden, dem seine Hinterhoflage durchaus zupass kommt: Denn sowohl die reguläre Armenfürsorge als auch die »Sozialen Übungen« brauchen einen geschützten Raum, in dem sie stattfinden können. Den bietet die Bergerkirche und hält doch Verbindung zur Außenwelt: Über eine Standleitung empfängt ihr Altar akustische Impulse aus drei Düsseldorfer Innenstadtkirchen und wandelt sie in Lichtimpulse um. Es ist Tobias Rehbergers Weise, das ewige Licht als diaphanen Abglanz der Stadt zu inszenieren. □

Lebensmittelausgabe in der Bergerkirche

Die Düsseldorfer Johanneskirche ist eine Stadtkirche wie sie im Buche steht. Mitten in der nordrhein-westfälischen Landeshauptstadt gelegen, ragt der rote Backsteinbau – nur einen Steinwurf von Düsseldorfs 5th Avenue, der Königsallee, entfernt – stolz zwischen den Häuserzeilen empor. Man meint es ihm anzusehen, dass er 1881 der erste protestantische Kirchenbau der Stadt war, der im nunmehr preußischen Rheinland derart zentral in der ansonsten katholischen Innenstadt stehen durfte: Ein Stück protestantisches Selbstbewusstsein im Rundbogenstil, das sich heutzutage und von innen so ganz anders zeigt: Tische, Stühle, eine kleine Cafébar, Zeitungen und Bücher erwarten den Besucher. Seit 1997 ist der Eingangsbereich der Kirche ein Café. Nicht erhebend, dafür schlicht und freundlich. Ein paar Schritte weiter wird es weit und hell: 2008 ist der Kirchenraum rundumerneuert und dabei lichter und heller geworden, Emporenbrüstungen und Kanzel transparent. Ein Blick zur Empore erkennt die Zeichen an der Wand: »BROUGHT FORTH BY THE RESONANCE OF A DISSONANCE« (Hervorgebracht durch die Resonanz einer Dissonanz), steht dort als Schriftzug des amerikanischen Konzeptkünstlers Lawrence Weiner. Ein Omen?

Vielleicht. Dissonanzen jedenfalls gehören zum Klang der Großstadt. Das Flirren der Stimmen, die Motoren und Signale, der ganze ungefilterte Geräuschsalat. Das alles gehört zum Leben in der Stadt und – wenn auch leiser – zum Leben einer Kirche: Das Gebetsgemurmel beim »Vaterunser«, das Geflüster auf den Emporen, und wohl auch: die inneren Stimmen, die sich am Glaubensbekenntnis reiben. Gerade in Stadtkirchen ist der äußere und innere Geräuschsalat noch deutlicher zu hören: Im Verkehrsgewühl vor der Tür, im Kommen und Gehen derer, die ihre Fragezeichen in die Kirche tragen. Auch in Düsseldorf? – Auf den ersten Blick sieht alles nach einem ganz »normalen« Stadtkirchenprogramm aus: Gottesdienste, Orgelandachten, Konzerte,

LANDESKIRCHE
Evangelische Kirche im Rheinland

ÖFFNUNGSZEITEN
Mo bis Fr 10.00—18.00 Uhr
Sonntag zum und nach dem Gottesdienst sowie zu Veranstaltungen,
Eintrittsstelle Mo bis Do
16.00—18.00 Uhr

PROGRAMM
Mittwoch 12.30 Uhr
»Lunch-Time-Orgel«,
September bis Mai
Freitag 19.00 Uhr
»Freitag um 7« – Konzertreihe,
Frühjahr- und Herbst
»Bibel-Lesekurse«,
Konzerte, Ausstellungen, Lesungen,
Vorträge, Podiumsdiskussionen

GOTTESDIENST
Sonntags 10.00 Uhr,
Mo bis Fr 18.00 Uhr
»10-Minuten-Andacht«,
Sonntags, monatlich 18.00 Uhr
»Sunday Special«,
Freitags, monatlich 19.00 Uhr
»Choral Evensong«

KONTAKT
Pfarrer Dr. Uwe Vetter,
Kantor Wolfgang Abendroth,
Barbara Wengler, M.A.

VERANSTALTER
Evangelischer Kirchenkreis
Düsseldorf,
Johanneskirche Stadtkirche
Martin-Luther-Platz 39
40212 Düsseldorf
Telefon (02 11) 60 70 08 15

INTERNET
www.johanneskirche.org

Johanneskirche am Martin-Luther-Platz, Düsseldorf

Blick durch das Café im Foyer in den Kirchraum – Glastür mit der Arbeit »Wünsche« des Düsseldorfer Künstlers Klaus Sievers (2009)

Bibellesekurse, Diskussionen, Ausstellungen ... Auf den zweiten Blick zieht sich ein feiner roter Faden durch das Programm, an dem sich die Normalität bricht. Es ist das bleibende Stück Fremdheit gegenüber den eigenen Traditionen, das Quäntchen Zweifel, das sich in aller Glaubensgewissheit hält und die Prise Sympathie für all diejenigen, denen der Kirchenraum noch nicht selbstverständlich geworden ist. Formate wie der »Bibellesekurs« oder der anglikanische »Evensong« sind nicht nur, aber auch für sie gemacht: Der Bibellesekurs als diskursiver Zugang zum christlichen Glauben, als »Theologie für Nicht-Theologen«, und der »Evensong« als ein liturgisch strenges, aber lupenreines Stück musikalische Harmonie, das in seiner unwirklichen Brillanz auch auf Liturgiefremde wirkt. Es sind Formate, die tief in der christlichen Tradition wurzeln, sich zugleich aber für das Suchen und Fragen öffnen, und dabei in eine innere Bewegung geraten, die sie umgekehrt auch für geübte Ohren interessant macht.

Dass dabei die Künste in der Johanneskirche eine besondere Rolle spielen, liegt eigentlich auf der Hand. Denn die haben seit jeher das Fragen und Zweifeln zum Prinzip gemacht und sich also als Stachel im Fleisch allzu selbstgefälliger Harmonie – auch und besonders in der Kirche – bewährt. Nicht überall muss das so explizit zur Sprache kommen wie in Lawrence Weiners Schriftzug. Es reicht auch ein Opernprojekt wie Verdis »Nabucco«, das unter der musikalischen Leitung des Johannes-Kantors Wolfgang Abendroth die Glaubenskämpfe der Israeliten in der babylonischen Gefangenschaft im Kirchenraum inszeniert. Oder das acht mal elf Meter große vielfarbige Oval der Berliner Künstlerin Katharina Grosse, das die Außengestalt des Kirchengebäudes an seiner Westseite optisch aufbricht und in ein vieldimensionales Spiel der Farben hineinzieht. Wenn diese künstlerischen Irritationen dann den Stadtkirchenalltag berühren und sich als Fragezeichen in die Gottesdienste, Andachten oder Diskussionsveranstaltungen von Stadtkirchenpfarrer Dr. Uwe Vetter verweben, dann kommt sie zum Vorschein, die Resonanz der Dissonanz: Die Unruhe in den klassischen Formen, das Ungewohnte im Gewohnten – die Oper im Kirchenraum, das Oval an der Kirchenwand, der Schriftzug im Kirchenraum.

Es gibt sie auch im Alltäglichen. Im Café im Eingangsbereich der Johanneskirche zum Beispiel. Dort wird die ganz normale Dissonanz des Lebens zur Geräuschkulisse aus murmelnden Stimmen, klapperndem Geschirr und lärmenden Kindern. Kein Wunder also, dass die Leiterin des Cafés, Barbara Wengler, gerade diejenige ist, die hauptamtlich als Kulturwissenschaftlerin an der Johanneskirche für die Kunst- und Kulturarbeit zuständig ist. Draußen vor der Tür steht die Erklärung auf einem blauen Leuchtschild. Dort steht: »Die Kirche ist Gottesdienst, Musik, Café, Literatur, Kunst«. Die Johanneskirche ist alles dies. Und gerade so »Kulturkirche«. □

MEHR FRAGE ALS ANTWORT …
»Die Inszenierung moderner Kunst im geprägten Raum einer Kirche bietet die Chance, Themen neu zur Sprache zu bringen. In der Darstellung sicher oft verstörend, irritierend und auch kritisch. Doch diese Spannung lohnt sich, im Dialog auszuhalten. Denn dieser Dialog bewahrt die Kirche vor fundamentaler Enge und Erstarrung. Kunst macht das starr Gewordene durchlässig und flüssig. Sie entwirft aus alten Bildern neue, gibt Wörtern neue und andere Bedeutungen. Sie ist mehr Frage als Antwort. Sie ermutigt zur Freiheit.«
– Barbara Wengler, Kulturwissenschaftlerin an der Johanneskirche

Cafébetrieb zur Mittagszeit

Großformatige Installation der Berliner Künstlerin Katharina Grosse an der Außenfassade (2011)

Großes Chor- und Orchesterkonzert zum Auftakt des Osterfestivals »Himmelwärts – Weltstadtklang«, Karfreitag 2011

NW KÖLN

LUTHERKIRCHE KÖLN-SÜDSTADT

Martin-Luther-Platz 2-4, 50677 Köln

1906 Einweihung der im Renaissancestil gebauten alten Kirche
1944 Zerstörung der Kirche
1950er Jahre Sanierung des Turms, der den Krieg überdauert hatte (Einschläge der Bombensplitter bewusst nicht geglättet)
1964 Einweihung der neuen Kirche, geplant und gebaut unter der Leitung des Architekten H.O. Vogel aus Trier mit Bezug zur alten Trierer Basilika
1995 Hängung des größten Kölner Wandbildes von Christos Koutsouras (6 × 12 m) an der Altarwand
1999 Kulturförderverein Südstadt-Leben e.V. wird gegründet

KULTURKIRCHE KÖLN-NIPPES

Siebachstraße 85, 50733 Köln-Nippes

1886 Baubeginn und Fertigstellung nach einem Entwurf von August Albes als einzige neogotische Kirche der Stadt
1889 erster Gottesdienst in der neuen Kirche
1947 erster Nachkriegsgottesdienst in der fast unbeschädigten Lutherkirche
1972 Orgel-Einweihung
1973 Renovierung
Seit 2002 parallele Nutzung als Kulturkirche Köln
Seit 2004 Vermietung für externe Veranstaltungen

In einer Stadt mit fünf Jahreszeiten, in der Frohsinn und Narrenschläue zu den Kardinaltugenden und die Lebensweisheit »Et kütt wie et kütt.« (»Es kommt wie es kommt.«) zum Grundgesetzt gehören, in der das Lied auf den Dom eine Hymne und die Liebe zum 1. FC Köln ein Bekenntnis ist, muss auch ein Pfarrer – ein evangelischer allzumal – aus einem besonderen Holz geschnitzt sein: einer, der es zur närrischen und zur unnärrischen Jahreszeit mit den geschminkten und ungeschminkten Gestalten der Stadt, ihren Eckenstehern und Tunichtsguten ebenso wie den Sattelfesten und Klarkommern aufnehmen kann. Jedenfalls dann, wenn er nicht einfach nur dabei stehen, sondern selbst mit dabei sein will und er seine Kirche als einen Ort versteht, der seine Türen weit offen hält für das Leben mitsamt seinen Tages- und Nachtgestalten.

Die jedenfalls sind in der Lutherkirche in der Kölner Südstadt an der richtigen Adresse. Denn dort, südlich der Altstadt, wo das bunte Köln noch einmal bunter wird, hält einer die Kirchentüren offen, für den das Gebot der offenen Tür zum Berufsethos gehört: Hans Mörtter, Bonner und Wahlkölner, ist seit 1987 Pfarrer an der Lutherkirche und weiß, wovon er spricht, wenn er von kompromissloser Gastfreundschaft und von der bedingungslosen Lebensnähe der Kirche spricht: Einen Prozess wegen Kirchenasyls und einen kirchlichen Verweis wegen der Trauung eines schwulen Paares hat er bereits hinter sich und ist dennoch mehr denn je der Meinung, dass Kirche »da sein müsse, wo es brennt« – notfalls auch einmal gegen die Spielregeln. Wie das geht, hat Mörtter als Auslandspfarrer in Kolumbien gelernt und sich den Blick für die Randgestalten des Lebens bewahrt: für Obdachlose, Prostituierte, Alte, Kranke. Nicht, um sie mit wohlfeilem Mitleid zu überschütten, sondern um mit ihnen etwas auf die Beine zu stellen: das »Menschensinfonieorchester« zum Beispiel, das Mörtter 2001 zusammen mit dem italienischen Dirigenten Alessandro Palmitessa für obdachlose und

LANDESKIRCHE
Evangelische Kirche im Rheinland
ÖFFNUNGSZEITEN
Di bis Fr 10.00—13.00 Uhr,
während Küstertätigkeiten,
zu Ausstellungen und anderem
PROGRAMM
Vielfalt von experimentellen,
Gottesdienstformaten, »Nachtstille«
Advent und Karwoche mit Künstlern
und Schauspielern,
Kunstausstellungen »Kunst
im Turm« und in der Kirche,
Konzerte, Lesungen, Vorträge,
Workshops, Tango-Salon,
Flamenco und Discos
GOTTESDIENST
Sonntags 11.15 Uhr
KONTAKT
Pfarrer Hans Mörtter
VERANSTALTER
Förderverein Südstadt-Leben e.V.
Pfarrer Hans Mörtter
Martin-Luther-Platz 4
50677 Köln
Telefon (0221) 384463
E-Mail moertter@kirche-koeln.de
und
Sonja Grupe
Telefon (0221) 3762990
E-Mail suedstadt.leben@koeln.de
INTERNET
www.lutherkirche-koeln.de
www.suedstadt-leben-koeln.de
www.menschensinfonieorchester.de

Der Luther-Turm der Lutherkirche

Karfreitag 2011 im offenen Kirchraum, statt Sitzen: Stehen und Ertragen

Brot und Steine, Kauen und Spüren

Altar-Installation zur Karwoche und Karfreitag des Künstlers Rochus Aust: „Stabat mantica" – Licht- und Klanginstallation

nachdem sie ihn
gekreuzigt hatten,
verteilten sie seine
kleider, indem sie
das los warfen.

nicht-obdachlose Musiker gründete und das in der Zwischenzeit bereits zwei CD-Produktionen eingespielt hat. Oder die Hilfsaktion für den finanziell angeschlagenen Kölner Fußballclub SC Fortuna Köln, für den er medienwirksam gemeinsam mit dem Künstler Cornel Wachter und dem Schauspieler Ralf Richter im Kölner Hauptpuff »Pascha« Spenden sammelte. Für Mörtter sind Obdachlose und Prostituierte keine Pflegefälle oder Randgruppen, sondern Gemeinde – vielleicht sogar: Kerngemeinde.

Das muss nicht heißen, dass die nun auch Sonntag für Sonntag im Gottesdienst wären. Die Lutherkirche ist keine Sozialstation. Es geht vielmehr um eine bestimmte Haltung, die kompromisslos Türen öffnet und Gemeinde als Menschengemeinschaft versteht, die sich letztlich und endlich in nichts nachsteht. Auch im Gottesdienst: Dort würden Mörtter keine zehn Pferde auf die Kanzel bringen. Denn Predigen heißt für ihn Dialog – und zum Dialog gehört Augenhöhe, die räumliche Voraussetzung für das Priestertum aller Gläubigen. Deshalb predigt Mörtter prinzipiell frei. Und deshalb klingt im Gottesdienst eher das Klavier als die schwerfälligere und wuchtigere Orgel. Und deshalb kann es auch geschehen, dass sonntags zur Predigt plötzlich zwei rote Talksessel in der Kirche stehen und es vor aller Augen einen Predigtdialog zu aktuellen politischen Themen gibt. Oder einen Tango. Oder eine Kunstperformance. Den Mitteln, Wegen und Formaten sind in der Lutherkirche keine Grenzen gesetzt. Zumal der Raum nach allen Seiten offen ist: Gleich zu Beginn seiner Amtszeit hat Mörtter die meterlangen festgedübelten Kirchenbänke in zwei Hälften zersägen und aus der Verankerung lösen lassen. Nun lässt sich der Raum frei machen für alles, was den Geist nicht hindert. »Fließen« und »bewegen« muss es. Und die Sinne beflügeln, meint Mörtter und zeigt wie zur Erklärung auf das sechs mal zwölf Meter große Rotmeer an der Stirnseite des Kirchenraumes. Der Kunstler Christos Koutsouras

NAH AM MENSCHEN
»Wir sind Kirche in der Stadt, Kirche für die Stadt, Kirche mit der Stadt, das heißt wir sind ohne Vorbedingungen offen für jeden Menschen, der zu uns kommt. Unabhängig von Kirchenmitgliedschaft oder Religionszugehörigkeit oder sozialem Status. Wir begeben uns in den Prozess des gegenseitigen Aufeinander Hörens, Miteinander Redens und Miteinander Lebens. Was die Menschen unserer Stadt bewegt, bewegt auch uns und fordert uns heraus. Wesentliches jesuanisches Kriterium all unseres Tun und Seins ist es, den Menschen nahe zu sein …« – aus dem Konzept der Lutherkirche, 2006.

Karfreitag 2011 mit Lakrimae Petri, Klage des Petrus – Komposition für drei Celli (Consortium Rituale), Gesang und Sprache von Daniel Diestelkamp

hat es 1995 direkt im Kirchenraum gefertigt. Für Mörtter ist es Karfreitag und Pfingsten in einem. Und die heimliche Kraftquelle des Raumes.

Dass Kräfte wie diese den einen oder anderen Gemeindekirchenrat überfordern, weil sie kleine Dienstwege und gleichgestimmte Temperamente brauchen, um sich entfalten zu können, liegt auf der Hand. Und so hat Hans Mörtter die Kulturarbeit der Kirche 1999 in den Kulturförderverein »Südstadt Leben« ausgelagert, in dem er einen weiten programmatischen Spielraum und eine wachsende Schar Gleichgesinnter hat. Zu der gehören mittlerweile eine ganze Reihe von Kölner Künstlern, Politikern und Unternehmern, die hier und da auch die pekuniäre Patenschaft für das eine oder das andere Projekt übernehmen. »Friendraising« statt »Fundraising« nennt Mörtter das dazugehörige Händeschütteln und Klinkenputzen. Auch das wäre dann ein Stück Köln, dem man ja auch im Guten den Klüngel nachsagt. □

Köln-Nippes ist Ausland. Jedenfalls für den Kölner. Nördlich der Innenstadt und jenseits des Hansarings – dem viel befahrenen Cityring der Stadt – gelegen, war Nippes – das erst seit 1888 überhaupt zu Köln gehört – immer eine Nummer für sich: proletarisch, preußisch, protestantisch und entschieden zu domfern, wurde es von Eingeborenen schon immer etwas von der Seite betrachtet. »Die auf dem Hügel« (Nippes = Hügel) hieß es dann – schon lange vor der Lennon-McCartneyschen Außenseiterode »Fool on the Hill«. Dass es nun ausgerechnet die preußische Luther-Kirche – die einzige neugotische Kirche der Stadt! – ist, derentwegen selbst kulturverwöhnte Kölner Schauspiel, E-Werk und wenn es denn sein muss auch die Lanxess-Arena hinter sich lassen und den Weg über den Hansaring wagen, mag ein Protestant aus dem Norden schon als Ironie der Geschichte verstehen. Zumal ihr Pfarrer – Thomas Diederichs – auch noch aus der Nähe von Düsseldorf kommt. Aber was soll man machen, wenn Brings oder die Bläck Fööss spielen …

Es spielen auch andere. Die Woodstock-Legende Ten Years After zum Beispiel oder Liedermacher wie Katja Ebstein oder Jazz-Größen wie Rebekka Bakken und Nils Landgreen. Die »lit.Cologne« mietet sich jährlich mit rund zwanzig Lesungen ein. Und hin und wieder gibt es – auch außerhalb der Karnevalszeit – etwas zu lachen, wenn das Köln-Comedyfestival in der KulturKircheKöln gastiert. Die ist seit nunmehr knapp zehn Jahren ein stadtbekanntes Veranstaltungshaus, das schon lange nicht mehr nur Kölner anzieht. »Bitte Handys ausschalten und nicht rauchen! Danke.« steht dann auch auf einem Schild im Eingangsbereich der Veranstaltungskirche und lässt ahnen, dass es nicht vorwiegend für Gottesdienstbesucher aufgehängt wurde. Denen würde voraussichtlich ohnehin Hören und Sehen vergehen, würde Pfarrer Diederichs sonntags bei der Predigt jene sechs PA-Lautsprecherboxen voll aufdrehen, die konzertabends wie sonntagmorgens direkt

LANDESKIRCHE
Evangelische Kirche im Rheinland
ÖFFNUNGSZEITEN
nach Absprache,
ansonsten zu Veranstaltungen
und Gottesdiensten
PROGRAMM
Konzerte und Lesungen,
Vermietung für Veranstaltungen
und Filmaufnahmen
GOTTESDIENST
Kulturkirche 11.00 Uhr
Gemeindezentrum,
Yorckstraße 10 9.30 Uhr
KONTAKT
Thomas Diederichs
VERANSTALTER
Thomas Diederichs
Siebachstraße 85
50733 Köln
Telefon (0221) 733700
E-Mail info@kulturkirche-koeln.de
INTERNET
Kulturkirche
www.kulturkirche-koeln.de
Gemeinde
www.lutherkirche-nippes.de
Facebook Kulturkirche Köln
Twitter @kulturkirche

Die einzige neugotische Kirche der Stadt: die »KulturKircheKöln« in Köln-Nippes.

»Die Happy«-Konzert in der »KulturKircheKöln«

Konzertbesucher an der Bar in der KulturKirche

vor der Kanzel hängen, als gälte es das Wort Gottes in die Menge zu dröhnen. Mit ausgefeilter Technik, die genau auf die schwierigen Bedingungen des Raumes abgestimmt ist, hat Pfarrer Diederichs seinerzeit den gut 140 Jahre alten Kirchenraum aufrüsten lassen: Mit einer kompletten Sound und Lichtanlage, die den Vergleich mit großen Veranstaltungsorten nicht scheuen muss und mit der sich – trotz Kirchenhall und Säulenwald – für fast jede Gelegenheit der richtige Klang und das richtige Licht finden lässt.

Dabei ist insbesondere die Lichtanlage eine Alleskönnerin. Denn mit ihr lassen sich – das verrät das Steuerpult – nicht nur Kulturveranstaltungen, sondern auch Gottesdienste bespielen: »Liturgie« wäre Knopf zwei, »Predigt« Knopf drei, »Taufe« und »Abendmahl« dann Knopf vier und fünf, und »Weihnachten (spät)« lässt sich mit Knopf sieben bedienen. Professionelle Veranstaltungstechnik muss dem Geist nicht im Wege stehen. Überhaupt: Der Spagat zwischen Veranstaltungskirche mit professionellem Konzertmanagement und traditioneller Kirchengemeinde funktioniert in Köln-Nippes gut: Gottesdienst ist morgens, die Veranstaltungen abends. Pfarrer Diederichs begrüßt als Pfarrer und Hausherr vor jedem Konzert die Konzertgemeinde und betreut die Künstler wie Gemeindemitglieder. Die wiederum haben – auch wenn Pfarrer Diederichs in der Programmauswahl bewusst »Kirchenkünstler« meidet – umgekehrt in der Regel ein Gespür für den Raum, in dem sie sich befinden und nehmen schon einmal das eine oder andere Lied extra ins Programm. Die Gemeinde schließlich kennt und schätzt den zusätzlichen Betrieb und profitiert überdies von dessen Gewinnen – ganz abgesehen von den Freikarten, die es für die alten Damen des Besuchsdienstes der Gemeinde gibt, die dafür auch schon einmal die Kabel im Taufbecken übersehen.

In einem Wort: Die Kirche brummt – und das nun schon seit beinahe zehn Jahren. Als Pfarrer Diederichs Anfang der 1990er Jahre in die Gemeinde kam, war das noch nicht absehbar. Erst nachdem 2000 eine größere Konzertnacht die Idee brachte und nach einem Jahr Probebetrieb die Bitburger Bierbrauerei als Hauptsponsor einstieg, gewann die Idee einer »KulturKircheKöln« Konturen und nach und nach – Dank beharrlicher Kontaktpflege zu den regionalen und überregionalen Veranstaltungsmagazinen, Agenturen und Künstlern – auch mehr und mehr Zuhörer. Für Pfarrer Diederichs ist es der Weg, eine Leidenschaft zu professionalisieren und sich dabei auch als Pfarrer zu konzentrieren. Für die Künstler ist es ein ungewöhnlicher Veranstaltungsort mit ungewohnten Resonanzen. Für Köln-Nippes ist es ein Gewinn an kultureller Anziehungskraft. Und für die Kölner Bürger ist es ein Grund mehr, den Hansaring zu überqueren. Ihnen sei gesagt: Seit 2007 ist nicht mehr »Bitburger«, sondern »Früh« der Hauptsponsor der KulturKirche. Kölschtrinker wissen, was gemeint ist. □

KULTUR-KIRCHE
»Kulturveranstaltungen in der Kulturkirche Köln sind keine Religionsveranstaltungen – aber sie sollen Menschen einen Raum bieten, in dem sie auf intensive, persönliche und innovative Art Kulturevents gemeinsam erleben können. Das Programm bietet Musik, Workshops, Performance, Theater und Bildende Kunst. Inhaltliche Klammer: der Kirchenraum, mit dem sich die Künstler thematisch auseinandersetzen und der die Veranstaltungen prägt.«
– Pfarrer Thomas Diederichs

»Die Happy«-Konzert
in der »KulturKircheKöln«

RHEINLAND-PFALZ

STIFTSKIRCHE KAISERSLAUTERN

Stiftsstraße 2, 67655 Kaiserslautern

1152/58 Kaiser Friedrich I. beruft Priester vom Prämonstratenser-Orden für Seelsorge und Hospiz
Nach 1152 erste große Kirche als dreischiffige romanische Basilika (40 Meter lang)
1240 Abriss der Vorgängerkirche und Neubau aus Sandsteinquader – Weihe St. Maria und St. Martin
1325 Fertigstellung der gotischen Hallenkirche mit oktogonalem zentralem Hauptturm (über 56 Meter lang)
Um 1500 Bau der Westtürme
1511 Auflösung des Prämonstratenser-Klosters durch den Orden und Umwandlung in ein Kollegiatstift
1565 Auflösung des Stiftes und Einführung der Reformation – mehrfache Konfessionswechsel (zwischen 1624 bis 1734 neunmal)
1818 Feier der Pfälzischen Kirchenunion zwischen Evangelisch-Lutherischen und Evangelisch-Calvinistischen
1945 amerikanische Bombe zerstört Hauptturm und große Teile des Daches
1950 Wiedereinrichtung der Kirche
1968 grundlegende Restaurierung durch den Architekten Werner Heyl
Ab Mai 2006 jeden Tag offen für die Menschen

Mitten im Gewühl derer, die samstags den Roten Teufeln ihre Stimme geben und von hier aus ins Stadion ziehen, mitten im Herzen von Kaiserslautern steht zwischen Marktstraße und Stiftsplatz ein Ort der Geborgenheit und spirituellen Zuwendung: die Stiftskirche. Nicht nur die Baugeschichte der vormals von Prämonstratensern aus rotem Sandstein errichteten und 1240 St. Martin und St. Maria geweihten Kirche ist wechselhaft. Auch die Frage nach dem rechten Glauben hat die Gemeinde während der Jahrhunderte umgetrieben und ließ sie auch nach der Einführung der Reformation 1565 nicht zur Ruhe kommen. Erst die Feier der Pfälzischen Kirchenunion zwischen lutherischen und calvinistischen Protestanten brachte 1818 den nötigen Frieden und die ersehnte Gemeinsamkeit. Derart geeint und ein Dach für eine Gemeinde bietend, sollte die Stiftskirche Heimstatt des lebendigen Glaubens sein. Dass sie bis 2006 in althergebrachter Form nur sonntags und an Feiertagen ihre Pforten öffnete, stand diesem Wunsch zunehmend entgegen. Seit dem Fußball-Sommermärchen aber öffnet sie nicht nur sonn- und feiertags, sondern täglich ihre Pforten und lädt mitten in der Umgebung hektischer Alltäglichkeit in die Versunkenheit, Stille und Spiritualität jahrhundertealter Mauern.

Die Stiftskirche ist tatsächlich Ort der Begegnung und eine einladende Kirche geworden. Dass dabei das Manifest in Stein überdauernder Jahrhunderte, die Bildlichkeit und Symbolik der Bauplastik von den Nothelfer-Nischen bis zu den Kapitellen und Schlusssteinen ihre eigene Kraft ausübt, ist unbestritten. Dies ist aber nur ein Teil der Erfahrungen, die dieser Ort bereithält. Die Kirchenhüter, die täglich die offene Kirche ermöglichen, allen voran Pfarrer Stefan Bergmann, der die Fragen und Nöte der Menschen dieser Stadt an dieser Stelle zu hören und zu verstehen sucht, ermöglichen in dem bei Kerzenschein mystisch anmutenden Raum die befreiende Einkehr in der Stille. Im Gebet. In der Klarheit der Erkenntnis. Wer hier auf Sammlung hofft, wer das

LANDESKIRCHE
Evangelische Kirche der Pfalz
ÖFFNUNGSZEITEN
täglich 15.00—17.00 Uhr
Zusätzlich
Mo 12.00—14.00 Uhr
Di 11.00—13.00 Uhr
Do 17.00—19.00 Uhr
Fr 20.00—24.00 Uhr
Sa 11.00—15.00 Uhr
PROGRAMM
Ostern bis Weihnachten
Freitags »Abendkirche«,
jeden ersten Dienstag 17.00 Uhr
Kirchenführung,
letzter Samstag im Monat 12.00 Uhr
»Eine kleine Marktmusik«
GOTTESDIENST
Sonntags 9.00 und 10.00 Uhr
KONTAKT
Pfarrer Stefan Bergmann
Telefon (0631) 3625060
E-Mail city-kirche@web.de
VERANSTALTER
Protestantischer Kirchenbezirk,
Evangelische City-Kirchen-Arbeit
Stiftsstraße 2,
67655 Kaiserslautern
Telefon (0631) 3625060
INTERNET
www.citykirche-kl.de
www.kirchenmusik-kl.de

Die Nordseite der ehemaligen Klosterkirche ist heute dem zentralen Platz der Stadt zugewandt

Mit Geschichten am Feuer sprechen Pfarrerinnen und Pfarrer Besucher auf dem Weihnachtsmarkt an

Seit den 1990er Jahren singen hier neben Gastchören die Kantorei der Stiftskirche, der Westpfälzische Kammerchor und Kinder- und Jugendchöre

GLÜHWEIN

Gespräch sucht und das Gebet findet, erfährt flutende Momente der Geborgenheit – sei es in den resonanten Mauern des lichtdurchwirkten Chorraums oder durch die Menschen dieser Kirche. Hier wird sie erfahrbar: Die Gnade einer im Moment gestillten Seele. Ohne vereinnahmt, ohne gedrängt oder missioniert zu werden. Gebet und Gottesdienst, so Stefan Bergmann, sind keine Pfarrerverlautbarungen. Es sind Wege des Suchenden, sind Dialoge auf dem Weg zum Einverständnis mit Gott und dem Menschen. Mit sich selbst. Besonders hierfür steht die Stiftskirche Kaiserslautern offen und schenkt Raum und Zeit. Für den wortlosen, aber in der Geste vielsagenden Dialog mit einem Obdachlosen wird auch die Führung vor großem Publikum für den Pastor für Momente zur Nebensache. Nächstenliebe, Geborgenheit überstrahlt und ist das Wunder des Baus. Aufgrund solcher Erlebnisse stellen sich immer neue Aufgaben für das Team der offenen Kirche. Hier gestellte Fragen erweitern das Kraftfeld der Seelsorge, das in einer der bedeutendsten gotischen Hallenkirchen der Pfalz viele Facetten hat – wie die Stadt Gesichter.

Die Öffnung an Werktagen und freitags bis Mitternacht basiert auf einer klaren Haltung Stefan Bergmanns: Eine Kirche, die offen sein will für die Menschen, kann nicht verschlossen sein. Ob Ruhe- oder Schutzsuchende, ob Neugierige, Kulturbeflissene oder was immer Menschen in die Kirche zieht – hier sind sie willkommen. Das Konzept orientiert sich am Leben der Menschen. Um viele Besucher anzusprechen, werden neben besonderen Gottesdienstformen verschiedene Veranstaltungen angeboten – Musik und Kultur, Nachtoase und Führungen, Gedanken zur Nacht und Kulinarisches locken Menschen unterschiedlichster Herkunft in die Kirche. Dafür kommt es zu Kooperationen mit anderen Gemeinden, mit der Universität und zur Zusammenarbeit aller an der Stiftskirche beheimateten Gruppen. Vor allem auf dem Gebiet der Musik bestellt Kantorin Beate Stinski-Bergmann vielfältig das Feld.

ORT FÜR RAUM UND ZEIT

Die protestantische Pfarr- und Stiftskirche Kaiserslautern, Geburtsstätte der Pfälzischen Union 1818, gilt als die bedeutendste spätgotische Hallenkirche Südwestdeutschlands. Sie wurde von Prämonstratensern, die Barbarossa nach Kaiserslautern geschickt haben soll, erbaut. Mit der Ästhetik und Atmosphäre ihres Baukörpers öffnet sie sich als Raum für die Seele, für eine spirituelle Erfahrbarkeit des Glaubens.

Ergänzend zum sonntäglichen Gottesdienst der Kirchengemeinde ist die Stiftskirche in den letzten fünf Jahren ein Zentrum für ein vielfältiges spirituelles und liturgisches Leben geworden. Hier wird Altes neu entdeckt und mit neuen Formen frei experimentiert.

Besonders wichtig und aussagekräftig für das Leben in der Stiftskirche ist der Freitagabend. Abendkirche freitags heißt konkret: Nachtgebete in verschiedensten Formen – eine Kirche im Kerzenschein, Gesprächsangebote, Taizé-Gesänge, Nachtmahl als Abendmahl, Gregorianik zum Mitsingen. Musik und Lyrik. Nicht nur in der Kirche. Auch mitten im Treiben um sie herum lesen Stefan Bergmann und seine Mitstreiter Geschichten am Feuer. Und die Menschen kommen. Vom Markt, aus der Pizzeria, nach dem Kino oder aus der Ziellosigkeit des Bummels durch die abendlichen Gassen. Viele junge Leute zieht es freitags in den Abendstunden inzwischen ganz gezielt in die von Kerzenlicht durchschimmerte Stiftskirche.

Viele der neugierig Eintretenden entdecken Kirche neu. Viele kommen wieder. Während ihnen die sonntägliche Tradition fremd (geworden) ist, wird ihnen stillschweigend der Freitag zum Sonntag. Offene Kirche. Heimstatt des lebendigen Glaubens. ○

SACHSEN

ST. KATHARINEN-KIRCHE ARNSDORF

Arnsdorf 189, 02894 Vierkirchen

13. Jh. Bau der Katharinenkirche
17. Jh. Bau von Pfarrhaus und Stall
Mitte 19. Jh. Einrichtung des Pfarrhofes als Dreiseithof
Seit 1999 Landkino Arnsdorf in der großen Scheune des Pfarrhofes

DREIKÖNIGSKIRCHE DRESDEN

Hauptstraße 23, 01097 Dresden

1421 erste Erwähnung
1685 Brand zerstört Stadt und Kirche
1688 Wiederaufbau
1730 Fertigstellung des Kirchturmes
1732/39 Standortwechsel und Neubau in barocker Gestalt unter George Bähr (Baumeister Frauenkirche)
1854/59 Bau des 87,5 Meter hohen Sandsteinturmes
1933/34 Restaurierung
1945 Kirche brennt bei Bombardierung Dresdens aus
1984/90 Wiederaufbau als das »Haus der Kirche«

NIKOLAIKIRCHE LEIPZIG

Nikolaikirchhof 3, 04109 Leipzig

1165 romanische Basilika
Anfang 14. Jh. Anbau der gotischen Nordkapelle
1452 erste Glocke wird eingeführt
1476 Anbau spätgotische Südkapelle
1525 Vollendung als gotische Hallenkirche
1539 Kirche wird evangelisch
1784/97 Innenraum wird klassizistisch gestaltet
1968/93 diverse Restaurierungen
1982 erstmals Friedensgebete

»Kultur kommt vom Lande!«, sagt Pfarrer Andreas Fünfstück und wartet verschmitzt auf ein Zeichen der Verwunderung bei seinem Berliner Besucher. Der hatte auf dem Weg ins Oberlausitzer Arnsdorf zuerst Dresden, dann Bautzen hinter sich gelassen, war wenige Kilometer vor Görlitz von der A4 abgefahren, hinunter in eine Senke und dann entlang eines Bächleins hinein in die Feld- und Wiesenidylle. »Kultur kommt vom Lande?« – Arnsdorf ist ein Wohndorf, das einmal drei Bäcker, eine Post und zwei Dorfkneipen besessen hatte, nun aber – seit sich das Erwerbsleben vorwiegend in den umliegenden Städten abspielt – nur noch während des Feierabends als Lebensmittelpunkt dient. Dennoch, beharrt Pfarrer Fünfstück: »Kultur kommt vom Lande!« – und erst jetzt ergänzt er: »Agrarkultur«! – Natürlich: Der Pfarrhof aus dem 17. Jahrhundert ist – direkt neben der Kirche gelegen – ein klassischer Dreiseithof mit Pfarrhaus und zwei Scheunen, die noch bis Mitte des 20. Jahrhunderts Korn und Heu lagerten. Heute sind sie Pilgerherberge und Filmfestspielort für das Landkino Arnsdorf. »Filmkultur kommt vom Lande!« – also doch!

Das augenzwinkernde Overstatement jedenfalls gehört für den agilen Landpfarrer und Vater des Arnsdorfer Landkinos zum Geschäft. Dass seine Gemeinde an der Peripherie des Landes liegt, hat ihn nie wirklich bekümmert. Im Gegenteil: Wer in der Provinz wohnt, muss nicht provinziell denken. Und so hat Arnsdorf unter Pfarrer Fünfstück die alte Politfloskel »Think globally, act locally!« mit einer gehörigen Portion Selbstironie beim Wort genommen und sich ohne mit der Wimper zu zucken für die Austragung der olympischen Sommerspiele beworben, die Nachbarstadt Görlitz bei der Bewerbung zur Europäischen Kulturhauptstadt unterstützt und als ob das noch nicht genug wäre: Albert Einstein, in dessen Hirn sich posthum ein Stück Arnsdorfer Granit gefunden haben soll, zum Ehrenbürger erklärt. Freilich: Nicht im wirklichen Leben. Dafür auf der Leinwand: In Kurzfilmen über die kleinen und großen

LANDESKIRCHE
Evangelische Kirche Berlin-Brandenburg-schlesische Oberlausitz
ÖFFNUNGSZEITEN
Kirche: Ostern/1. April bis Ewigkeitssonntag
jeweils 10.00—20.00 Uhr
Kino: 3 Wochen lang täglich, beginnend am 2. Freitag im Juni 20.00 Uhr, Samstag 16.00 Uhr zusätzlich Kindervorstellung
PROGRAMM
Kinoveranstaltungen über das Jahr, 1. Samstag und Sonntag im Juli »Pfarrhoffest«, 2. Advent »Klapperkino«, Kino und Pfarrhof können in Absprache für Veranstaltungen mit bis zu 100 Personen genutzt werden. Erste Pilgerherberge auf dem ökumenischen Jakobspilgerweg aus Richtung Görlitz kommend – ganzjährig geöffnet (ab November telefonische Anmeldung sinnvoll, Informationen: www.oekumenischer-pilgerweg.de)
GOTTESDIENST
Vierzehntägig 9.00 Uhr, sonst Sonntags 10.00 Uhr »Bachkantate« Pfingsten bis Erntedank
Mittwochs 19.00 Uhr Andacht
KONTAKT
Pfarrer Andreas Fünfstück
VERANSTALTER
Ev. Kirchgemeinde Arnsdorf, Arnsdorf 189
02894 Vierkirchen
OT Arnsdorf-Hilbersdorf
Telefon (03 58 27) 708 31
E-Mail ekgm.arnsdorf@kkvsol.net
INTERNET
www.landkino-arnsdorf.de

St. Katharinen von Westen, im Hintergrund Ausläufer der Königshainer Berge

Vorfilmcrew bei Dreharbeiten zu »Keine Angst vor der Dreizehn«

Abenteuer der Arnsdorfer (Schild-)Bürger, die nunmehr seit über zehn Jahren als Vorfilme im alljährlichen Sommerkino über die Leinwand flimmern – selbst gedreht und frei erfunden versteht sich.

Das war anfangs nichts weiter als ein gewiefter Geschäftstrick. Als die leer stehende Pfarrscheune 1999 wieder mit Leben gefüllt werden sollte, waren die ersten Ideen schnell bei der Hand: Die alte Pfarrscheune sollte mit ausgedienten Kirchenbänken ausgestattet, ein Filmprojektor und eine Leinwand geliehen und der Sächsische Kinder- und Jugendfilmdienst als Partner für die Programmarbeit gewonnen werden. Doch: Wer sollte in einem kleinen Dorf mit überschaubarer Kirchenbindung langfristig zur Filmgemeinde gehören? Die Idee: Alle, die sich selbst gern auf der Leinwand sehen! Und so entstand jährlich ein Arnsdorfer Kurzfilm zu wirklichen und erfundenen Arnsdorfer Geschichten – Regie: der örtliche Kirchenbau- und Dorfgeschichtsverein, Finanzen: lokale Firmen, in den Hauptrollen: die Arnsdorfer Bürger. Und die kamen natürlich. Und kamen wieder: Heute – nach elf Kurzfilmen – sind die Arnsdorfer Kurzfilme Kult und das Arnsdorfer Landkino überregional etabliert. In der Zwischenzeit wurde die Kinoscheune ausgebaut: Seit 2006 lässt sich nach dem Film der Abend an der Bar oder zu Tisch verbringen – oder man bleibt über Nacht: in einer der Pilgerherbergen, die seit 2004 für Jakobspilger ausgebaut wurden: »Think globally, act locally!«

Das bedeutet übrigens auch: einen Blick zu haben für die lokalen Kräfte und Talente. Denn »think globally« heißt für Pfarrer Fünfstück nicht: hochfliegende Pläne zu haben. Im Gegenteil: »Kleine Ideen«, »überschaubares Engagement« und die Frage »Was ergibt sich?« sind die Arnsdorfer Erfolgsrezepte, die mittlerweile nicht nur ein Sommerkino, eine ganzjährig geöffnete Pilgerherberge, sondern auch verlässlich offene Kirchen und eine Kindertagesstätte in dorfgemeinschaftlicher Trägerschaft möglich gemacht haben. Das geht nur auf vielen Schultern. Und so sind es mittlerweile die Landfrauen,

LANDKINO
Die Tradition des Landkinos stammt aus einer Zeit, da in der Oberlausitz noch Filmvorführer von Ort zu Ort zogen. Es bot Gelegenheit, die Arbeit zu unterbrechen und die Gemeinschaft zu suchen.
Die Evangelische Kirchengemeinde Arnsdorf/Nieder Seifersdorf führt diese Tradition in der alten Scheune des Arnsdorfer Pfarrhofs fort.
Dort sitzen die Arnsdorfer Cineasten auf Kirchenbänken vor der Leinwand.
Dazu Pfarrer Fünfstück:
»Wer auf unseren Kino-Kirchenbänken zwei Stunden Kino schafft – der ist geradezu prädestiniert für eine Stunde Gottesdienst am kommenden Sonntag.«

der Sportverein, die Kommune, der Geschichtsverein und die Kirchengemeinde, die projektweise an einem Strang ziehen, wenn es darum geht, den »Erhalt der dörflich-christlichen Tradition« zu sichern. »Christliche Identität durch Offenheit« nennt es Pfarrer Fünfstück auch und erinnert daran, dass Kirchen – wie das Kino auch – nichts anderes sind als offene Orte der Begegnung, in denen sich Dorf und Kirchengemeinde, Jung und Alt mit ihrem ganzen Leben wiederfinden können.

Übrigens: 2005 gewann das Arnsdorfer Landkino den Stiftungspreis der DEFA-Stiftung, zu dessen Verleihung eigens eine Arnsdorfer Delegation nach Berlin-Mitte entsandt wurde. Die fand sich beim Festakt unversehens gemeinsam mit Armin Müller-Stahl auf der Galabühne wieder. Auf die Frage, ob das nicht Stoff genug für einen neuen Arnsdorfer Kurzfilm sei, winkt die Vorsitzende des Geschichtsvereins, Andrea Gloger, dann doch lächelnd ab: »Dafür sind wir nun wirklich zu bescheiden …«. □

Regisseur und Kameramann. Rolf Sondershaus (Leipzig) stimmt die Schauspieler auf den nächsten Dreh ein.

Kleine Zwischenbilanz am Set

Die Mutter tröstet ihre Tochter, die bald heiraten will mit 1. Korinther 13, 3.

DREIKÖNIGSKIRCHE DRESDEN

Das barocke Elbflorenz, in dem sich zwischen Glücksgas-Arena und Semperoper die unterschiedlichsten Milieus tummeln und das Schlendern auf den Elbwiesen ebenso dazu gehört wie die Eierschecke zum Kaffee, wo Uwe Tellkamps »Der Turm« in jedem belesenen Haushalt zu finden und der jährliche Besuch wenigstens einer Kreuzchorvesper Pflicht ist, hat an exponierter Stelle auf der schon unter August dem Starken als Allee angelegten Hauptstraße ein »Haus der Kirche«: die Dreikönigskirche. 1732 bis 1739 erbaut und 1859 um den weithin sichtbaren sandsteinernen Turm erweitert, war die Dreikönigskirche bis 1885 mit ihren damals dreitausend Plätzen die einzige evangelisch-lutherische Pfarrkirche der Dresdner Neustadt. Am 13. Februar 1945 ging auch sie während der Zerstörung Dresdens in Flammen auf. Fortan konnten Gottesdienste nur noch in der verschont gebliebenen Turmkapelle stattfinden, die Pläne für den Abriss lagen in der Schublade. 1977 aber wurde die Genehmigung zum Wiederaufbau erteilt. Mithilfe des EKD-Sonderbauprogramms konnte am Reformationstag 1984 der Grundstein für den heutigen Bau gelegt und 1990 die Kirche ihrer heutigen Bestimmung als Mehrzweckbau übergeben werden. Umgehend klopfte der junge Freistaat an und die Dreikönigskirche hatte nunmehr als »Haus der Kirche« den ersten prominenten Nutzer: den Sächsischen Landtag, der sich am 27. Oktober 1990 an diesem geschichtsträchtigen Ort konstituierte und bis zur Fertigstellung des eigenen Gebäudes 1993 hier seinen Sitz hatte. Als Dank haben die Landtagsabgeordneten dem Haus seinerzeit eine mehrteilige Wandkeramik mit dem Titel »Unser tägliches Brot gib uns heute« gestiftet.

Das »Haus der Kirche« ist eine Institution – nicht im wahrsten, vielmehr im besten Sinne des Wortes. Für viele Dresdner gehört es zur Stadt wie die Frauenkirche und der Zwinger – auch wenn es eine ganz andere Reputation hat und andere Funktionen erfüllt. Es ist ein Haus der Bildung. Ein breitgefächertes

LANDESKIRCHE
Evangelisch-Lutherische Landeskirche Sachsens

ÖFFNUNGSZEITEN
Mo bis Sa 10.00—18.00 Uhr,
So 11.00—16.00 Uhr

PROGRAMM
Regelmäßig Veranstaltungen zu vielfältigen Themen

GOTTESDIENST
Sonntags 10.00 Uhr

KONTAKT
Veranstaltungskoordinierung
Christiane Hempel

VERANSTALTER
Dreikönigskirche – Haus der Kirche
Hauptstraße 23
01097 Dresden
Telefon (0351) 8124101
E-Mail veranstaltung@hdk-dkk.de

INTERNET
www.hdk-dkk.de

AUSZEICHNUNGEN
2011 2. Preis »Grenzgänger«, Kulturpreis der EKD (für Kunstdienst der Evangelisch-Lutherischen Landeskirche Sachsens)

Das Haus der Kirche im wieder errichteten Barock-Gewand der Dreikönigskirche – in den Nachkriegsjahren wurde die Ruine mit großem Engagement enttrümmert. In den 1970er Jahren sollten die verbliebenen Reste ganz abgerissen werden

Veranstaltungsangebot lädt mit Vorträgen, Seminaren, Ausstellungen und Konzerten Menschen, die durch die offene Tür dieses Hauses treten, ein, über die christliche Botschaft und den Auftrag der Kirche in der kleinen und großen Welt ins Gespräch zu kommen.

Das »Haus der Kirche« ist nicht minder ein Haus der Begegnung. Menschen unterschiedlichster Herkunft und Religion treffen sich hier zu Diskussionen, zur gegenseitigen Information, zum Tagen und zum Feiern. Insgesamt zehn Räume bieten hier Platz für den Austausch zu verschiedenen Lebensfragen und -entwürfen, zu gesellschaftlichen Konzepten und Visionen, zum gemeinsamen Trauern und Fröhlichsein. Das »Haus der Kirche« ist gleichermaßen ein Ort des Gottesdienstes und vollwertiges Zentrum der Dreikönigskirchengemeinde, einer der vier evangelischen Gemeinden der Dresdner Neustadt. Der Gottesdienstraum, der etwa ein Drittel der ursprünglichen Dreikönigskirche ausmacht und nun 450 Menschen Platz bietet, birgt unter der Eule-Orgel von 1992 mit dem »Dresdner Totentanz« ein Kleinod der Renaissance. Dabei handelt es sich um ein von Christoph Walther um 1534 geschaffenes steinernes Relief, das 27 Figuren zeigt – 24 Menschen und drei Todesgestalten. Wieder aufgestellt wurde auch der durch die Zerstörung der Kirche schwer in Mitleidenschaft gezogene Barockaltar, der nun mit allen sichtbaren Schäden als Mahnmal gegen Krieg und Zerstörung dient. Neben den Gottesdiensten finden hier Konzerte statt, die die Kirchengemeinde und die Aktivisten des Hauses der Kirche, allen voran Frank Seewald, Jürgen Küfner und Christiane Hempel, in Kooperation mit verschiedensten kommunalen Veranstaltern in beachtlicher Zahl und Vielfalt anbieten.

Sie und die Ausstellungen – etwa die Dauerausstellung von Skulpturen und Zeichnungen von Friedrich Press (1904 bis 1990) oder die Ausstellung »Nedomazlenky – Zuneigungshunger« des Prager Fotografen Ondrej Stanek im Herbst 2010, die sich 2011 erfolgreich bei dem Kulturpreis der EKD, dem »Grenzgänger«, einbringen konnte – stehen für die künstlerische Ausrichtung des »Hauses der Kirche« und für einen besonderen Mitmieter in den vormals barocken Gemäuern: den Kunstdienst der Evangelisch-Lutherischen Landeskirche Sachsens. Das kleine Team mit Dr. Frank Schmidt, Angelika Busse und Steffen Krüger vollbringt das Kunststück, an drei Ausstellungsorten im Dresdner Raum zeitgenössische Kunst öffentlich zu machen: neben dem Foyer der Dreikönigskirche auch in der Kreuzkirche sowie im Meißner Dom. Über die Ausstellungs- und Bildungsarbeit hinaus ist der Kunstdienst seit 1950 eine viel genutzte Beratungsstelle für die sächsischen Kirchgemeinden. Der Weg in das immer offene »Haus der Kirche« und die Dreikönigskirche lohnt immer – sei es, um inne zu halten bei einem fairen Kaffee oder um teilzunehmen an der Vielfalt der Begegnungsmöglichkeiten: einer Lesung, einem Gespräch, einer Meditation oder einem gelösten Tanzabend … ○

SINNEN UND SEIN – HELFEN UND HANDELN

Aus dem Jahre 1421 stammt die erste Erwähnung der Kirche zu Altendresden, die nach ihrem Altarbild »Zu den Heiligen Drei Königen« genannt wurde. Heute hat das nach Abrissüberlegungen 1990 als »Haus der Kirche« neu geweihte Gebäude sowohl für die Dreikönigs-Gemeinde als auch für eine Vielzahl kultureller, Bildung und Begegnung initiierender Veranstaltungen Platz. Auch der Kunstdienst der Landeskirche arbeitet hier.

Kulturelles Engagement und sächsische Lebenslust sind Dauermieter im »Haus der Kirche« – sei es mit Querbeet, die mit Folk, Klezmer und Tango zum Tanz aufspielen oder mit dem Vocalensemble Slavica mit orthodoxer Kirchenmusik.

NIKOLAIKIRCHE LEIPZIG

Gemeinsam mit der Dresdner Frauenkirche ist die Nikolaikirche Leipzig wohl die berühmteste Kirche der deutsch-deutschen Geschichte. Wer sie besucht, wird hineingezogen in den Sog der Geschichte – in Erinnerungen aus Verzweiflung und Angst, Gottvertrauen und Mut, aus Licht und Schatten eines Landes, einer Stadt und einer Kirche.

Die Stadt- und Pfarrkirche St. Nikolai wurde 1165 an der Kreuzung zweier bedeutender Handelsstraßen erbaut. Nikolaus, Schutzheiliger der Kaufleute, hat bis heute für die Messestadt seine Bedeutung. Bis heute steht die ihm geweihte Kirche inmitten der Stadt und öffnet der Welt ihre Türen. Außen wie innen hat die Kirche viele Umbauten erfahren. Während nach außen die im frühen 16. Jahrhundert vollzogene Erweiterung zu einer spätgotischen Hallenkirche prägend geblieben ist, fasziniert im Inneren der klassizistische Umbau von 1784 bis 1797, der bis in die als Palmen gestalteten Säulen das Selbstverständnis des Leipziger Bürgertums widerspiegelt. Dieser erhabene, auch im Alltag Geschichte atmende Raum ist Heimstatt einer regen Innenstadtgemeinde – einer Gemeinde, deren Haus Schutz und Schild der Bürgerbewegung von 1989 war.

Die Geschichte, die die Nikolaikirche zur Arche in den sich überschlagenden Wogen der Zeit hat werden lassen, geht auf die Friedensbewegung der 1980er Jahre zurück. In der Tschechoslowakei hatte es mit der »Charta 77« begonnen. Wenig später rüttelte die »Solidarnosc« an den Mächtigen in Polen. Aus der alljährlich im November stattfindenden »Friedensdekade« entwickelte sich über eine Junge Gemeinde aus dem Leipziger Osten eine Gebetskette für den Frieden, die ab Herbst 1982 Woche für Woche, Montag für Montag 17 Uhr unter dem Motto »Schwerter zu Pflugscharen« zum Friedensgebet einlud. Alsbald sammelten sich hier Gruppen, denen Frieden und Gerechtigkeit, Menschenrechte und Umweltfragen auf den Nägeln brannten. Christen und Nichtchristen. Sie alle nahmen diesen Ort

LANDESKIRCHE
Evangelisch-Lutherische Landeskirche Sachsens

ÖFFNUNGSZEITEN
Mo bis Sa 10.00—18.00 Uhr,

PROGRAMM
Konzerte, Lesungen

GOTTESDIENST
Sonntags 9.30 Uhr Gemeindegottesdienst,
11.15 Uhr Universitätsgottesdienst,
17.00 Uhr Römisch-katholischer Gottesdienst

KONTAKT
Pfarrer Bernhard Stief

VERANSTALTER
Evangelisch-Lutherische Kirchgemeinde St. Nikolai-St. Jakobi
Nikolaikirchhof 3,
04109 Leipzig
Telefon (0341) 1245380

INTERNET
www.nikolaikirche-leipzig.de

als Refugium des freien Wortes wahr. Als Ort, an dem genauso über die Bergpredigt wie über gesellschaftliche Missstände, über das Hoffen und Sehnen über Mauern hinweg gedacht und geredet werden konnte. Der Fortgang der Geschichte ist bekannt. Im Herbst 1989, als die Rufe des Aufbruchs »Wir wollen raus« und »Wir bleiben hier« laut wurden, als die einen höhnten und provozierten, die anderen unerschütterlich beteten und blieben, mahnten Kerzen für den Frieden zur Besonnenheit. Als Genossen und Staatssicherheit die Kirche fluteten, um den Platz anderen streitig zu machen, hörten sie Auslegungen der Seligpreisungen. Wie ein Wunder der Montag des 9. Oktober 1989, der die Gemeinde aus Freunden und Feinden, aus Sehnsüchtigen und Halsstarrigen nach gemeinsamem Gebet, nach einem von Pfarrer Christian Führer verlesenen Appell des damaligen Gewandhauskapellmeisters Kurt Masur und mit dem Segen des Bischofs mit der Geste der Gewaltlosigkeit, mit zehntausend brennenden

Die Nikolaikirche im Herzen Leipzigs, hier musizierte Johann Sebastian Bach, hier leuchteten die Kerzen der »Friedlichen Revolution« 1989.

Kerzen zusammenführte. Biblische Geschichte, wie sie im Magnificat gesungen wird: »Er stößt die Gewaltigen vom Thron und erhebt die Niedrigen.« Und auf Seiten der Mächtigen, aus dem Munde Horst Sindermanns, einstmals Vorsitzender des Ministerrates der DDR, die Erkenntnis: »Wir hatten alles geplant. Wir waren auf alles vorbereitet. Nur nicht auf Kerzen und Gebete.« Noch über zwanzig Jahre später haftet still die Erlösung der »Friedlichen Revolution« in diesen Mauern, stehen die Türen offen, beten Menschen Montag für Montag für den zerbrechlichen Frieden dieser Welt.

Mittlerweile hat Bernhard Stief das Zepter von Christian Führer übernommen. Der Alltag in der Nikolaikirche hat sich verändert. Hier und da ist Selbstverständlichkeit eingezogen, anderer Mut, andere Notwendigkeiten und andere Bekenntnisse fordern die Gemeinde in ihrer Lebendigkeit heraus. St. Nikolai, die Kirche, an der Johann Sebastian Bach etliche seiner Werke zum ersten Mal dirigierte, in der auch Johann Rosenmüller und Adam Krieger wirkten, ist mit Kantor Jürgen Wolf heute eine der ersten Leipziger Adressen der Kirchenmusik. Gleichrangig agieren in der Gemeinde ungefähr zwanzig Initiativgruppen, die neben ihren Aktivitäten wechselseitig das montägliche Friedensgebet übernehmen. Viele Ehrenamtliche kümmern sich um den Besucherstrom und das Café »Nikolaitreff«, das wie eine Nische der Geborgenheit in einer Ecke Ratsuchenden und Erschöpften eine Pause gönnt.

Sonntags läuten die Glocken von St. Nikolai gleich drei Mal und laden nacheinander die eigene Gemeinde, die Mitglieder der Universität und am Nachmittag schließlich die katholische Gemeinde zum Gottesdienst. Spätestens in der Sammlung dieser Stunden wird man eines Kreuzes gewahr, das Christen seit dem Zweiten Weltkrieg als Symbol der Versöhnung überall auf der Welt doppelt miteinander verbindet: das Nagelkreuz von Coventry. Es scheint, als habe dieses Kreuz hier ein doppeltes Zuhause. ○

GESCHICHTE FÜR DIE ZUKUNFT
Die wöchentlichen Friedensgebete seit 1982 bekamen durch die gewaltfreien Montagsdemonstrationen und den Zusammenbruch des DDR-Staates im Herbst 1989 weltweite Bedeutung. Heute sind der Einsatz für »Gerechtigkeit, Frieden und Bewahrung der Schöpfung« und die Beteiligung an gesellschaftspolitischen und ökologischen Aufgaben, zum Beispiel durch die Kirchliche Erwerbsloseninitiative Leipzig (KEL) wichtiger Bestandteil der Aktivitäten.

Wohl in keiner Kirche der damaligen DDR haben mehr Mitarbeiter des MfS Predigten gehört.

Das Nagelkreuz von Coventry mahnt zur Versöhnung – nach dem Weltkrieg wie nach der »Friedlichen Revolution« 1989.

Te decet hymnus Deus

SACHSEN-ANHALT

DORFKIRCHE BRIEST

Dorfstraße, 39319 Stadt Jerichow
Ortsteil Briest

Vor 1200 als romanische Backsteinkapelle erbaut
Um 1300 gotisiert
Ende 17. Jh. barockisiert
18. Jh. Bau eines Fachwerkturms
1945 Beschädigung des Fachwerkturms, des Daches und des Kirchenschiffs durch Artilleriebeschuss
1949 Reparatur durch die Gemeinde
Seit 1986 Marionettenbühne des »Geschichtskreis und Marionettenbühne« (GuM)
1986—2000 vollständige Sanierung und Restaurierung durch den GuM
2001 Bau eines Sanitärtraktes

Manchmal geht es zu wie im Märchen: Eine Handvoll Konfirmanden bittet ihren Pfarrer, dessen Frau Marionettenmacherin ist, ihren Konfirmationsgottesdienst als Marionettengottesdienst zu gestalten. Der willigt ein. Und wenig später gibt es eine mobile Marionettenbühne, mit der zunächst die Konfirmanden, später eine feste Laienspieltruppe durch die Lande ziehen. Schließlich findet sie eine feste Spielstätte: eine kleine frühgotische Backsteinkirche, wo fortan von der Kanzel gespielt wird.

Es ist dies die reale Geschichte der Marionettenbühne »Märchenvogel« im anhaltinischen Dörfchen Briest im Jerichower Land, die bei Lichte betrachtet noch weit märchenhafter anmutet. Denn was 1982 unter der Leitung von Pfarrer Karlheinz Stephan und seiner Frau als kirchliches Konfirmandenprojekt begann, wurde bereits wenige Jahre später zum staatlich geförderten Volkskunstkollektiv, das mit russischen und deutschen Volksmärchen durch Kirchen, Schulen, Kasernen und Kindergärten zog. Glück oder Unglück: Die örtliche Landwirtschaftliche Produktionsgenossenschaft (LPG) hatte Gefallen an der kleinen Laienbühne gefunden und sorgte fortan als sozialistischer Kulturmäzen für Auskommen und Ausbildung der Truppe. Märchen funktionieren in beide Richtungen. Und so lebte das kleine Laienensemble von einer seltenen Allianz zwischen Kirche und Staat, die ihm obendrein das Dach über dem Kopf sanierte. Als sich 1989 die Verhältnisse änderten und Förderung und Buchungen wegbrachen, hielt sich das Ensemble durch Westkontakte über Wasser und tourte durch die alten Bundesländer. Heute kommen die Menschen wieder nach Briest: über dreißig Touristenbusse sind es jährlich, die auf dem Weg entlang der Straße der Romanik das Briester Pauschalangebot in Anspruch nehmen: »Einmal Kirchenführung, einmal Puppenspiel, dazu Kaffee und Kuchen!«. Davon lässt es sich in Briest leben – besser: die sechs romanischen und frühgotischen Kirchen des Kirchspiels sanieren.

LANDESKIRCHE
Evangelische Kirche in Mitteldeutschland
ÖFFNUNGSZEITEN
täglich 10.00—17.00 Uhr, Telefonnummer an der Kirchentür
PROGRAMM
Ostermontag, 1. Advent 15.00 Uhr Marionettentheater, Kirchenführungen auf Anfrage, Gruppen ab zehn Personen können das »Briester Pauschalangebot – Ein Tag an und auf der Straße der Romanik« buchen (darin enthalten sind – optional – Marionettentheater, Kirchenführung, Kaffee und Kuchen).
GOTTESDIENST
Sonntags
KONTAKT
Pastor i.R. Karlheinz Stephan
VERANSTALTER
Geschichtskreis und Marionettenbühne
Dorfstraße 9,
39319 Stadt Jerichow – Ortsteil Groß-Wulkow
Telefon (039341) 406
E-Mail gum@freenet.de

Dorfkirche in Briest mit Besuchern

Zuschauerraum (Kirchenschiff) mit Kaffeetafel und Besuchern – rechts ist der Bühnenvorhang der Marionettenbühne zu sehen

Es sind Geschichten wie diese, die Pfarrer Karlheinz Stephan und seine Puppenspieler davon überzeugt haben, dass Märchen und das sogenannte »wirkliche Leben« keineswegs so weit auseinander liegen wie es das Klischee bisweilen haben will. Märchen sind weder nur für Kinder, noch sind sie Geschichten aus einer anderen Welt. Es sind Geschichten, die ihren Realitätssinn aus der Fantasie schöpfen und dabei einfach und verständlich vermitteln, was im Leben zählt: Der kluge Umgang mit Schuld in Tolstois »Lösche das Feuer solange es glimmt«, dem ersten Stück der Briester Bühne, die Nächstenliebe in »Der Fischer und seine Frau«, dem Briester Dauerbrenner, und die arglose Herzensgüte im »Fliegenden Schiff«. Es sind die »einfachen Leute«, die »mit dem Herzen sehen«, die in den Märchen der Briester Bühne gut davonkommen. »Botschaften für eine gerechtere Welt« nennt sie Pfarrer Stephan auch und sieht sich dabei nicht als Moralapostel – im Gegenteil. »Weisheit« wäre wohl das bessere Wort, das überdies auch in der Kirche verstanden wird: Wenn dort gefragt wird, wie es denn angehen könne, dass im ehemaligen Altarraum der Briester Kirche ein Theatervorhang hängt, die Empore als Puppen- und Requisitenkammer dient und die Marionettenspieler von der Kanzel herab spielen, dann lässt Pfarrer Stephan am liebsten die Puppen selbst erzählen: von den großen und kleinen Geschichten des Lebens, Abenteuern auf See, von Rettung in Bedrängnis und natürlich von der ganz großen Liebe. Anderes habe er als Pfarrer auch nicht getan, meint er dann mit einem Zwinkern.

Wie eng in Briest Geschichte und erzählte Geschichten beieinander liegen, lässt sich übrigens nicht nur am Marionettenspiel erfahren. Schließlich will auch die Orts- und Kirchengeschichte erzählt sein: Die Geschichte der Romanik zum Beispiel, die das Wulkow-Wuster Kirchspiel über die Straße der Romanik mit mehr als achtzig anderen romanischen Baudenkmälern in Sachsen-Anhalt verbindet. Oder die traurige Geschichte

STRASSE DER ROMANIK
Die Briester Dorfkirche im Jerichower Land liegt an der Straße der Romanik und gehört zum Kirchspiel Wulkow/Wust. Dazu gehören auch die Kirchen in: Wust um 1200 (barocke Kassettendecke mit flämischer Ölmalerei, Grablege derer von Katte), Melkow, 12. Jahrhundert (romanische Backsteinkirche mit romanischem Kruzifix), Sydow um 1200 (romanische Wandmalerei), Kleinwulkow, 12. Jahrhundert (barocker Taufengel) und Großwulkow, 12. Jahrhundert (romanische Glocke). Der »Geschichts- und Marionettenkreis« (GuM) veranstaltet Führungen, die auch mit einer Aufführung der Märchenbühne verbunden werden können.

derer zu Katte, deren Sohn Hans Hermann von Katte – ein preußischer Leutnant und Jugendfreund von Friedrich II – aus dem Nachbardorf Wust stammte und 1730 in Küstrin wegen Fluchthilfe enthauptet worden war. Erzählen darf diese Geschichten nur, wer es kann. Und deshalb muss im Kirchspiel Wulkow-Wust jeder Kirchenführer eine vom Briester Geschichts- und Marionettenkreis in Kooperation mit dem Jerichower Klostermuseum, der Evangelischen Erwachsenenbildung und dem Landesministerium konzipierte Ausbildung absolvieren, um schließlich für Touristen auf Anruf kompetent zur Verfügung zu stehen. Eine entsprechende Telefonnummer ziert jede Wulkow-Wuster Kirchentür. Die Gegenleistung erfolgt – wie bei den Theatervorstellungen auch – auf »Mindestspendenbasis«. Und die kommt dem Erhalt der Wulkow-Wuster Kirchen zugute. So haben es sich die Briester gedacht. Und so halten sie es auch. Und weil sie nicht gestorben sind, tun sie es noch heute. □

Marionettenfundus auf der ehemaligen Empore über dem Bühnenraum, der Marionettenspieler Gunter Braun zeigt die Fischer-Marionette

Spielszene aus dem Märchen vom Fischer und seiner Frau – die Fischersfrau ist Päpstin geworden

SCHLESWIG-HOLSTEIN

ST. PETRI ZU LÜBECK

Schmiedestraße, 23552 Lübeck

1170 erste urkundliche Erwähnung
1227 Baubeginn einer spätromanischen dreischiffigen Hallenkirche
1290 Errichtung eines gotischen Chores
15. Jh. Ausbau zur gotischen fünfschiffigen Hallenkirche
1942 Zerstörung durch Bombenangriff
1982 Beginn der Wiederherstellung der Kirchenhalle
Seit 1997 Stadt- und Kulturkirche ohne Gemeinde
Seit 2004 auch Universitätskirche

St. Petri Lübeck. Kühne, imposante norddeutsche Backsteingotik. Wenn man die Gassen der Altstadt nach den romantischen Resten der Buddenbrooks absucht, um den Verfall einer Familie noch einmal dingfest machen zu können, steht man dicht daneben vor der Wiedergeburt einer alten Kirche. Vor einem lebendigen Ort kreativer Impulse. Vor einer kreativen Kirche.

St. Petri ist eine fünfschiffige, über fünf Joche geführte Hallenkirche. Der Grundriss mutet beinahe quadratisch an und relativiert den gotischen Auftrieb zugunsten eines in sich zur Herberge werdenden Raumes. Im Zweiten Weltkrieg erheblich zerstört und dann lange Jahre nicht viel mehr als eine Brache mit Aussichtsturm gewesen, ist St. Petri erst 1987 wiederbelebt worden: als Kirche ohne Gemeinde, als Kulturkirche für diese lebendige Stadt. Ein durch seine Leere neu konzipierter, lichter, weiter Raum mit Kunstausstellungen, Konzerten und Literaturabenden, mit Vorträgen und Diskussionen, der sich geschickt im kulturellen Umfeld zu platzieren wusste. Nur eines suchte nach seiner Form und wollte hier anfänglich nicht vor Anker gehen: etwas Regelmäßiges, ein zu St. Petri passendes Äquivalent zum Gottesdienst. Ein Gegenüber zu den Gottesdiensten nebenan in St. Marien. Ein Gegenüber für die Bewegung dieser Stadt.

Was ist das? Etwas, das nicht Gottesdienst heißt?! Aber auch ein Gottesdienst ist?! Etwas, das sich mit der biblischen Tradition auseinandersetzt, dabei aber nicht einfach verkündigt, sondern kritisch, offen, künstlerisch mehrsprachig und mehrdeutig das Spannungsfeld von Tradition und Situation bearbeitet? Kulturraum als Spielraum. Als Freiraum der Phantasie. Mit vielen Freiplätzen im weiten Raum. Das sind die »PetriVisionen«. Bereits seit 2000. Jeden ersten Sonnabend im Monat. Immer 23 Uhr. Weil nächtliche Räume eine andere Erfahrung bergen. Weil sie sich selbst und andere aufschließen. Und weil sie es den »PetriVisionären« ermöglichen, dieser Offenheit mit

LANDESKIRCHE
Nordelbische Evangelisch-Lutherische Kirche
ÖFFNUNGSZEITEN
März bis Dezember
11.00—16.00 Uhr (Sonderöffnungszeiten zu Veranstaltungen)
Aussichtsturm (mit Lift):
Oktober bis März
10.00—19.00 Uhr
und April bis September
9.00—21.00 Uhr
PROGRAMM
Kunstausstellungen, literarische, musikalische, stadt- und gesellschaftspolitische Veranstaltungen, wissenschaftliche Vorträge und Podien
GOTTESDIENST
1. Sonnabend im Monat 23.00 Uhr »PetriVisionen« (außer Januar und August)
23. Dezember »Weihnachtsspecial«
KONTAKT
Pastor Dr. Bernd Schwarze (Leitung)
Anika Stender-Sornik (Organisation)
VERANSTALTER
St. Petri Kuratorium
Schüsselbuden 13
23552 Lübeck
Telefon (0451) 397730
INTERNET
www.st-petri-luebeck.de

Auch wenn es in Lübeck mal regnet, ist St. Petri ein Blickfang neben dem Holstentor.

Lichteindrücke und spielerische Installationen empfangen die Besucher zur PetriVision.

TAXI

Angeboten zu begegnen, die womöglich nur in dieser Stunde, in der mitternächtlichen Waage zwischen gestern und morgen ihren Platz haben können. Was Propst Niels Hasselmann erträumt und Pastor Günter Harig im Verbund mit einem Kuratorium entscheidend theologisch und konzeptionell vorgeprägt hat, macht Bernd Schwarze seit 1998 mit einer Kreativgruppe für die »PetriVisionen« zu einem Event im besten Sinne des Wortes. Zu einem Erlebnis, das sich selbst binnen weniger Minuten immer neu in Frage stellt, das binnen weniger Minuten neue Fragen stellt und binnen weniger Minuten Antworten gibt auf Fragen, die einem womöglich erst später kommen. Kurzum: Bernd Schwarze geht es darum »möglichst anschaulich und sinnlich eine Geschichte zu erzählen, eine Anregung zu geben, einen Standpunkt zu vermitteln oder auch zum Widerspruch zu reizen. Die Zeiten, da das Wort allein genügte, um Menschen zu bewegen, sind fürs Erste vorbei. Und es macht, das soll als Motivationskriterium nicht verschwiegen werden: sehr viel Spaß.«

Das kreative Herz der ganzen Unternehmung ist und bleibt die kreative Vorbereitungsgruppe: zwei Architekten, eine Regisseurin, ein Arzt, ein Biologe, eine Germanistin, professionelle Musiker und Schauspieler und zwei Theologen, praktisch professionell von Anika Stender-Sornik, einer gewandten Kulturmanagerin unterstützt. Mit ihnen entstand zu Beginn eine erste siebenteilige Reihe mit Anfangsgeschichten: Genesis. Mit ihnen entstand heuer auch die Reihe zum zehnjährigen Jubiläum der »PetriVisionen«: Spiele. Über Suchspiele, Lust-, Fest-, Heim-, Frei- und Telespiele sind die Lübecker im Juli 2011 bei den Nachspielen angekommen. Das erfolgreiche Prinzip ist und bleibt das gleiche: Keine Moderation, keine langen Reden. Kurze Impulse: lyrisch – musikalisch – gedanklich – szenisch. Immer nur wenige Minuten. Dann ein scharfer Schnitt, ein Medienwechsel, ein anderer Spielort. »Prinzip Sesamstraße« hat jemand gemurmelt. Und hat irgendwie

UNIVERSITÄTSKIRCHE

Als Stadt- und Kulturkirche lädt St. Petri schon seit 1987 zu Ausstellungen mit internationalen Künstlern, zu Literarischen Nächten und aktuellen Foren ein. Seit 2004 ist auch die Wissenschaft in St. Petri zu Hause. In enger Zusammenarbeit mit allen Lübecker Hochschulen finden hier Erstsemesterbegrüßungen, Promotionsfeiern, Incentives mit Festvorträgen zu Kongressen und akademische Gedenkstunden statt. »Uni im Dialog« oder »Breakfast in Utopia« heißen Veranstaltungen, in denen Forschungsergebnisse einer breiten Öffentlichkeit vorgestellt werden.
Musikstudenten nutzen den Raum für die Präsentation von Projekten. 2010 beabsichtigte die schleswig-holsteinische Landesregierung die Schließung des Medizinstudiengangs in Lübeck und stellte damit die Existenz der Universität in Frage. Die Universitätskirche wurde zur Trutzburg eines letztlich erfolgreichen Widerstandes.
Im Jahr 2012 ist Lübeck »Stadt der Wissenschaft«, und viele Aktivitäten werden in St. Petri stattfinden.

recht damit. Wussten Sie, dass sie noch immer eine der erfolgreichsten Serien des Deutschen Fernsehens ist? Mit der berühmten Haribo-Energie – die macht bekanntlich Kinder froh und Erwachsene …

Zu den »PetriVisionen« kommen – wen wundert es angesichts der Uhrzeit – ziemlich viele junge Leute. Auch Stammbesucher, immer wieder aber auch neue Gesichter. Immer wieder Menschen, denen Gottesdienste eher fremd sind. Hießen die Nächte hier anstelle von »PetriVisionen« womöglich »St.-Petri-Nachtgottesdienste«, würden viele von ihnen zu Hause bleiben. So kommen die einen, wo die anderen wägen und wiegen: zu mehrdeutig. Zu agnostisch. Zu ehrlich? Zu unmittelbar? Zu wahrhaftig?

In einer der weiß getünchten Gewölbekappen kreuzt sich mit den Gewölberippen über allem das Wort »Jetzt«. Zwischen den Sternen. Jedem, der das Wort dort oben in dieser Mitternachtsstunde entdeckt, kommt es nahe. Jeder ermisst seine Bedeutung für sich. ○

Ein »Ave Maria«, gespielt auf einer handelsüblichen Luftpumpe

Der Lübecker Kammerchor improvisiert über Choral-Schlüsse von Johann Sebastian Bach

Raumerlebnisse in einer einzigartigen Kirchenhalle

THÜRINGEN

ST. SALVATOR GERA

Nicolaistraße 2, 07545 Gera

1717/20 nach Plänen von David Schatz erbaut
1775/79 Turmbau
1780 Brand Turm und Innenraum
1782 Neueinweihung
1898 zweiläufige Treppe Westseite
1903 Umgestaltung des Kircheninnenraums in Jugendstilformen nach Plänen von Adolf Marsch
Seit 1984 Restaurierungen
Seit 2009 Theater- und Literaturgottesdienste

KULTURKIRCHE ISSERODA

Kirchplatz, 99428 Isseroda

14. Jh. Bau der Dorfkirche St. Pankratius
1749 Umbau der Kirche
Seit 1949 Verfall der Kirche: Orgel und Altar wurden demoliert und gestohlen
1989 Wiedererrichtung der Bauhülle
2001/07 Suche nach Nutzungs- und Gestaltungskonzeption
2003 Abschluss der Sicherungsarbeiten
2005 Kirchbau- und Heimatverein Isseroda e.V. gegründet
Seit 2006 »Kulturkirche«

ST. PETRI-KIRCHE WANDERSLEBEN

Menantesstraße, 99869 Drei Gleichen, Ortsteil Wandersleben

12. Jh. Bau der romanischen Kirche, Veränderungen in Gotik und Barock
14/15. Jh. Turm mit gotischer Spitze
1527 Wandersleben evangelisch
1655 Brand
1671 Neubau des Turmes
1724 barocke Orgel des Thüringer Baumeisters Johann Georg Schröter
Seit 1995 Konzerte, Schülerprojekte, Podiumsgespräche, Theater
1996/2009 Restaurierung

Man muss ein wenig warten, bis das himmlische Licht brennt in St. Salvator in Gera. Aber nach etwa drei Sekunden brennt es dann doch. Erst ein wenig zaghaft, nach einer Weile aber immer heller. »Ist die Originalbirne von 1903.«, sagt Pfarrer Frank Hiddemann, und schaut mit seinem Besucher zur Decke. Dort schwebt der auferstandene Christus am Stuckfirmament. Umweht vom Engelsgewölk grüßt der Salvator seine Gemeinde, während über ihm der elektrifizierte Gottesglanz aufgeht. Jetzt, da seine Strahlen elektrisch verstärkt sind, lässt sich auch der Rest des Raumes besser erkennen: Es ist ein geräumiger, mit Blatt- und Rankenwerk prächtig ornamentierter Jugendstilraum, den noch bis 1903 barocke Schmuckformen zierten. Außen hat die Kirche ihre Barockgestalt bewahrt. Seit 1720 thront sie über der Geraer Innenstadt.

Dort steht sie heute trotz ihrer exponierten Lage ein wenig verloren. Denn Gera ist bis auf Weiteres noch mit sich selbst beschäftigt. Im 19. Jahrhundert – Dank einer blühenden Tuchindustrie – eine der reichsten Städte Deutschlands und zu DDR-Zeiten üppig subventionierte Arbeiter- und Bauernstadt am Tropf des Uranbergbaus, ging es ihr nach der Wende wie vielen, die sich im Alten Hoffnung gemacht und im Neuen enttäuscht wurden. Wie aus einer anderen Zeit ragt die Kirche da aus der Stadt hervor, als wüsste sie Rat. Nicht, weil sie immer schon mutiger als andere den neuen Wegen getraut hätte. Aber weil sie wenigstens davon singt. Und weil sie heute durch ihren Pfarrer Frank Hiddemann mit jenen Orten gemeinsame Sache macht, die der Stadtmelancholie etwas entgegensetzen: mit den Bühnen der Stadt Gera, zu denen auch das Landestheater Altenburg gehört, mit der Kunstsammlung Gera und dem Otto-Dix-Haus zum Beispiel. Wie die Kirche auch sind dies die Stätten, die etwas vom heute leicht verblassten Bild der Otto-Dix-Stadt Gera als Kulturstadt bewahrt haben. Und zugleich sind es die Stätten, an denen sich die Stadt nicht nur die großen Erzählungen der Alten,

LANDESKIRCHE
Evangelische Kirche in Mitteldeutschland
ÖFFNUNGSZEITEN
auf Anfrage
PROGRAMM
Theater- und Literaturgottesdienste
GOTTESDIENST
Sonntags 9.30 Uhr
KONTAKT
Pfarrer Dr. Frank Hiddemann
VERANSTALTER
St. Salvator Kirchengemeinde
Nicolaiberg 5
07556 Gera
Telefon (03 65) 8 00 15 17
E-Mail hiddemann@gmx.de
INTERNET
www.sankt-salvator-gera.de

St. Salvator Kirche in der Geraer Innenstadt

Kircheninnenraum der St. Salvator Kirche während des Theatergottesdienstes zu Walter Braunfels' Oper »Ulenspiegel« in der Inszenierung von Matthias Oldag am 10. April 2011

sondern auch die Episoden ihrer jüngeren Geschichte vorsetzt: die »Simple Storys«, die »simplen Szenen aus einem komplizierten Leben aus der ostdeutschen Provinz« aus der Feder des Altenburger Schriftstellers Ingo Schulze zum Beispiel, in denen sich Gera im Spiegel ihrer Nachbarstadt Altenburg wiedererkennt. Eine davon – »Schnee und Schutt« – inszenierte das Landestheater Altenburg auch in der St. Salvator-Kirche im Rahmen eines Theatergottesdienstes: Es ist die Geschichte des alkoholkranken Schriftstellers Enrico Friedrich, der sich in seiner Verzweiflung und der Hoffnung auf Invalidität versucht das Bein zu brechen und in seinem Unglück auch das Leben seiner Nachbarn in Unordnung bringt.

Wenn Pfarrer Frank Hiddemann diese Geschichte in seiner Theaterpredigt als tragik-komische Parabel über ein Stück verpasste Nächstenliebe unter Nachbarn interpretiert, dann geht es ihm nicht darum, ein Stück Gegenwartsliteratur christlich zu verbrämen – auch nicht darum, den Gottesdienst durch ein spektakuläres Aperçu interessanter zu machen. Sondern schlicht um das Stück real-existierenden Gottesdienst, dessen Gelingen freilich davon abhängt, die Dinge beim Namen zu nennen und das Leben noch in seinen verwickeltsten Momenten zu fassen. Die Literatur oder das Theater können dabei helfen – auch und gerade, wenn sie die Dinge schwärzer oder heller malen als es die biblischen Schriften tun. In Hiddemanns Theater- und Literaturgottesdiensten treten sie in ein Gegenüber. Ganz schlicht dort, wo die lutherische Liturgie das Gegenüber von Altem Testament bzw. der Briefliteratur des Neuen Testaments und Evangelium vorsieht: Szene und Lesung oder Lesung und Lesung, dann die Predigt. So kennt man es. Und so kennt man es nicht. Kein kulturprotestantisches Zauberstück jedenfalls. Sondern bewusst ein ganz normaler Gottesdienst eines ganz normalen Pfarrers mit Stimmen aus der einen und der anderen Welt.

JUGENDSTIL UND THEATER
Die Geraer St. Salvator Kirche bietet einen fabelhaften Raum für Theatergottesdienste, ist der prächtige Jugendstilraum doch selbst ein Zeichen selbstbewusster Glaubensinszenierung: Vom Christuskopf am Altar, über Kanzel und Taufbecken bis hin zu den Wangen des Kirchengestühls reichen die organischen Zierformen des Jugendstils, die dem Raum eine eigene Stimmigkeit verleihen. Der mit einer Glühbirne von 1903 elektrifizierte Gottesglanz am Stuckhimmel ist einer der ersten seiner Art.

Der Schauspieler Bernhard Hänsch als Vater des Ulenspiegel bei der Totenklage über dem Sarg seiner Frau.

Der Regisseur Matthias Oldag bei der Lesung während des Theatergottesdienstes im April 2011.

Vielleicht fremdeln die Geraer deswegen auch so wenig mit Pfarrer Hiddemann, der als Westfale kein Landsmann ist und der als ehemaliger Studienleiter für Medien, Kunst und Kultur an der Evangelischen Akademie in Neudietendorf und später als Touristen- und Kulturpfarrer in der Hochkulturmetrópole Weimar mit dem Pfarrstellenwechsel nach Gera eine gute Strecke zurückgelegt hat. Allerdings: Für Frank Hiddemann liegen Weimar und Gera näher als es das Klischee von der Kulturstadt Weimar und der Arbeiterstadt Gera haben will: »Hochkultur gibt es nicht«, würde er sagen – allenfalls einen Kulturdünkel. Und der ist eigentlich Unkultur, die im Pfarramt keinen Platz haben sollte. Was das heißt, kann man seit 2009 in Gera sehen und hören: Zum Theatergottesdienst in der St. Salvator-Kirche und zum Literaturgottesdienst in der kleineren und intimeren St. Michaelskirche im Stadtteil Pforten. Noch ist es eine kleine Gemeinde, die Pfarrer Hiddemann hegt. In Gera braucht es eben ein bisschen, bis das Licht angeht. □

KULTURKIRCHE ISSERODA

Isseroda ist einer jener Orte, an denen man vorbei fährt. Direkt an der A4 zwischen den Kulturzentren Weimar und Erfurt gelegen, fällt er nicht weiter auf, zumal Isseroda in unmittelbarer Nähe der berühmten Feininger-Kirchen von Gelmeroda und Tröbsdorf liegt und am Ort selbst laut Ortshomepage »spezielle Anziehungspunkte fehlen«. Wer sich dennoch die Zeit nimmt, von Weimar kommend die Autobahnabfahrt Nohra zu nehmen, um sich dann entlang hügeliger Agrarflächen in Richtung Isseroda zu halten, der wird in der Tat auch nicht viel mehr finden als einen unscheinbaren, freundlichen Ort mit ehemaligem Gutshaus, einer Schule und einem Gasthof. Mittendrin: die Kulturkirche, die auf den ersten Blick auch nicht viel mehr zu bieten hat. Immerhin, das trutzige Barockgebäude ist ordentlich in Stand gesetzt: Ein heller, modern ausgestatteter Kirchenraum mit schlichten Bodenplatten, einem gusseisernen Ambo und einem grob behauenen Altar. Alles in allem ein ansprechender Raum, der zum Verweilen einlädt. Aber eine Kulturkirche?

Die Kirche hat es nicht leicht gehabt in Isseroda. In den 1950er Jahren ein sozialistisches »Musterdorf«, musste Isseroda zur Schau stellen, was andernorts allenfalls hingenommen oder hinter vorgehaltener Hand beklagt wurde: Die staatlich verfügte Übernahme der Gehöfte durch die Landwirtschaftliche Produktionsgenossenschaft (LPG), eine Zentralschule des Kreises, für die die alte Dorfschule abgerissen werden musste. Selbst das Wirtshaus gegenüber der Kirche wurde zum volkseigenen Kulturhaus ausgebaut. Und die Kirche: Die wurde zur Mehrzweckhalle und verfiel zusehends, während die roten Jahre ins Land gingen. In diesen Jahren wollte der Ortsbürgermeister das Wort Kirche nicht einmal in den Mund nehmen. Und das Dorf hielt sich an Kunstschätzen und Baumaterial schadlos: Die Kirche als Steinbruch. Schnell war Isserodas ältestes Gebäude nicht mehr als eine Ruine. Sie war nicht die einzige: »Weimarer Kirchenwüste« nannte der christliche

LANDESKIRCHE
Evangelische Kirche in Mitteldeutschland

ÖFFNUNGSZEITEN
Zwischen Lichtmess und 1. Advent
täglich 8.00—18.00 Uhr

PROGRAMM
Mo, Mi, Fr 10.00—18.00 Uhr
und Sa, So 10.00—18.00 Uhr
»Alltäglich«, Klanginstallation von Falk Zenker
sowie Konzerte, Lesungen, Tanz- und Theaterprojekte, Lange Kaffeetafel und Konzert zum Muttertag

GOTTESDIENST
Ostersonntag 11.00 Uhr,
1. Sonntag im Oktober 9.00 Uhr Kirchweihgottesdienst,
In den drei weiteren Kirchen der Kirchengemeinde (Ulla, Nohra und Bechstedtstraß) finden sonntags abwechselnd Gottesdienste statt. In Isseroda nur zu besonderen Anlässen.

KONTAKT
Pfarrer Christian Dietrich

VERANSTALTER
Kirchgemeinde Nohra
Pfarrer Christian Dietrich
Herrenstraße 32
99428 Nohra
Telefon (03643) 825112
und
Kirchbau- und Heimatverein Isseroda e.V.
Heidi Bärwolf
Brunnenweg 13
99428 Isseroda
Telefon (03643) 825752

INTERNET
kulturkirche.blogspot.com

ST. PETRI-KIRCHE WANDERSLEBEN

Beinahe wäre Wandersleben berühmt geworden. Beinahe. Denn hier, in dem kleinen Ort zwischen Erfurt und Gotha in Sichtweite des Burgenensembles »Drei Gleichen«, wurde am 29. September 1680 der Barockdichter Christian Friedrich Hunold alias Menantes geboren: talentierter Librettist, Fabeldichter und Übersetzer, Lebensberater, Tausendsassa und Schwadronier, der schnell zu Ruhm kam und schnell wieder in Vergessenheit geriet. Einer, der sich wie kaum ein anderer darauf verstand, künstlerisch alle Register zu ziehen und gesellschaftlich auf allen Hochzeiten zu tanzen, um sich dann als ein gefeierter Bestsellerautor mit einem schlüpfrigen Societyroman zu verstolpern. Was Weimar und Jena an Goethe und Schiller hatten, hätte Wandersleben an Menantes haben können. Doch das Geschick wollte es anders, und so geriet Menantes in Vergessenheit.

Bis heute. Denn seit einigen Jahren bemüht sich Bernd Kramer, rühriger Pfarrer der örtlichen Gemeinde, mit dem Wanderslebener Menantes-Förderkreis um eine Renaissance des vergessenen Dichters. Tagungsreihen, Editionen, ein Museum, ein Denkmal, ein Literaturpreis und ein wiederentdecktes Passionsoratorium gehören zu den Errungenschaften der Wanderslebener, die seit 2002 buchstäblich keine Gelegenheit auslassen, Menantes zu neuen Ehren zu verhelfen. Kramer ist ein Missionar im Namen des Herrn, aber eben auch im Namen von Menantes. Und so gehen in Wandersleben die Dinge Hand in Hand: Die Archäologie der Ortsgeschichte, die Gemeindearbeit, die Forschung über Menantes und die politische Arbeit. Nur nicht museal! – ist das Credo der Initiatoren der Wanderslebener Menantes-Gedenkstätte. Was Menantes einst künstlerisch zum Verhängnis geworden sein mag, ist heute Segen für die Wanderslebener Gemeinde: Denn seine stupende Vielfältigkeit als Künstler ist zu einem schier nie versiegenden Brunnen für die Wanderslebener Gemeinde geworden.

LANDESKIRCHE
Evangelische Kirche in Mitteldeutschland

ÖFFNUNGSZEITEN
auf Anfrage,
Menantes-Literaturgedenkstätte:
Mai bis Oktober
Sa und So 14.00—16.00 Uhr
(sonst auf Anfrage)

PROGRAMM
Konzerte, Lesungen, Schülerprojekte, Podiumsgespräche, Theateraufführungen, Museumsführungen, Literaturpreis für erotische Dichtung

GOTTESDIENST
2. Sonntag im Monat 11.00 Uhr

KONTAKT
Pfarrer Bernd Kramer

VERANSTALTER
Menantes-Förderkreis der Evangelisch-Lutherischen Kirchgemeinde Wandersleben
Pfarrer Bernd Kramer
Menantesstraße 31
99869 Drei Gleichen,
Ortsteil Wandersleben
und
Pfarramt Apfelstädt
Kirchgasse 4
99192 Gemeinde Nesse-Apfelstädt,
Ortsteil Apfelstädt
Telefon (036202) 90595
E-Mail info@menantes-wandersleben.de

INTERNET
www.menantes-wandersleben.de

St. Petri-Kirche Wandersleben

Besucher auf dem Weg zur Lesung in der Menantes-Literaturgedenkstätte am 19. Mai 2011 mit dem Journalisten und Autoren Dr. Helmut Herles im Rahmen der Thüringer Literaturtage

Insofern ist Menantes durchaus kein schlechter Schutzpatron für eine Kulturkirche. Denn Menantes war selbst ein »Grenzgänger« zwischen Kirche und Kultur – wie nicht zuletzt sein unlängst wiederentdecktes Passionsoratorium »Der blutige und sterbende Jesus« zeigt, das 1705 in der Vertonung von Reinhard Keiser in einer Hamburger Zuchthauskirche uraufgeführt wurde. Die damals vorgebrachten Entrüstungen sprechen für sich: eine ungehörige Verquickung geistlicher und weltlicher Musik – Keiser war ein Mann der Oper! – mit entsprechend aufreizenden Sängerinnen habe es zu hören und zu sehen gegeben, außerdem allzu freisinnige – überdies gereimte! – Adaptionen des biblischen Urtextes, die auch noch unabhängig von den traditionellen liturgischen Formen – dazu mit Eintritt! – dargeboten wurden. Anders formuliert: Menantes interessierte weltliche Darstellerinnen für biblische Sujets und den Kirchenraum als Aufführungsort, machte sich um eine zeitgemäße Versprachlichung der biblischen Texte verdient und experimentierte konsequenterweise mit neuen Gottesdienstformen – und dies auch noch kostendeckend. Kurz: Menantes empfahl sich als »Kulturkirchenkünstler« avant la lettre. Nur konsequent, dass sein wiederaufgefundenes Oratorium 2010 auf Initiative des Menantes-Förderkreises gerade in der Wanderslebener Kulturkirche wiederaufgeführt wurde – übrigens ebenfalls mit Eintritt und weltlichen Künstlern.

In dieser Hinsicht lassen sich die Wanderslebener also gern Schüler des Hunold Menantes' nennen. Denn seinen »Mut, neue Wege zu gehen«, wie Kramer es nennt, wollen sie fortsetzen. Einer dieser neuen Wege ist der »Literaturpreis für erotische Dichtung«, den der Menantes-Förderkreis alle zwei Jahre in Zusammenarbeit mit der Thüringer Literaturzeitschrift »Palmbaum« für besonders fantasievolle erotische Lyrik verleiht und dessen Preisträger zur Verleihung im Pfarrgarten lesen. Ausdruck der Sinnenfreude des Lebens sei dieser Blick auf die erotischen Seiten des Lebens, meint Kramer, und verweist auf das biblische Hohelied, das sinnenfreudigste Buch der Bibel. Hinter ihm steht Menantes, der – da sind sich die Wanderslebener sicher – als sinnenfreudiger Barockdichter das alles auch schon einmal im Sinn gehabt haben muss. Was sie damit wollen? – Neugierig machen! Auf einen unterschätzten Dichter und eine unterschätzte Institution. Und: »Brückenbauen«: zwischen Kirche und säkularer Kultur. Oder etwas bescheidener: zwischen Kirchen- und Dorfgemeinde. Es gelingt ihnen: Zum Beispiel mit dem Schülerwettbewerb »FETTNAPF – Wie man sich erfolgreich (daneben) benimmt«, bei dem sich Schüler mit Menantes' Schriften über »höfliche Manier« beschäftigten oder bereits 2003 mit der Errichtung eines Menantes-Denkmals gegenüber der Literaturgedenkstätte. Und so fiel dem Gemeinderat die Entscheidung nicht schwer, als es 2011 darum ging, einen neuen Namen für die alte Hauptstraße des Dorfes zu finden: Nun heißt sie Menantes-Straße. Der Besuch lohnt sich! □

WANDERSLEBEN UND MENANTES
Die St. Petri-Kirche im Thüringischen Wandersleben ist die Kirche der evangelisch-lutherischen Kirchengemeinde Wandersleben, deren »Menantes-Förderkreis« sich seit 2002 mit Tagungen, Diskussionen, Lesungen, Ausstellungen, Konzerten, Publikationen und (seit 2006) dem »Menantes-Preis für erotische Dichtung« um das Andenken des Wanderslebener Dichters Christian Friedrich Hunold alias Menantes bemüht.
2005 eröffnete der Förderkreis im ehemaligen Stallgebäude des Pfarrhofs die „Menantes Literaturgedenkstätte", die über das Leben und Wirken des Dichters informiert.

Der Autor Menantes verfasste 25 Romane, Gedichtbände, Briefsteller und Opernlibretti und übersetzte zahlreiche Werke aus dem Französischem.

Besucher in dem seit 2005 bestehenden Literaturmuseum im Pfarrhof Wandersleben

Impression vom Sommerfest 2011 auf dem Kultur-Pfarrhof Wandersleben

LA
CIVILITE'
MODERNE,
Oder die
Höflichkeit
Der
Heutigen Welt.
Übersetzt von
MENANTES.
HAMBURG,
Bey Benjamin Schillern, Buchhändlern im Thum.
Gedruckt bey Conrad Neumann, E.E. Rahts
Buchdrucker / ANNO 1708.

AUTORENVERZEICHNIS

Petra Bahr 1966 in Lüdenscheid geboren, ist nach einer journalistischen Ausbildung und dem Studium der Evangelischen Theologie und Philosophie Pfarrerin der Evangelischen Kirche Berlin-Brandenburg-schlesische Oberlausitz (EKBO). Seit Januar 2006 ist sie erste Kulturbeauftragte des Rates der Evangelischen Kirche in Deutschland (EKD) und Leiterin des Kulturbüros der EKD in Berlin.

Klaus-Martin Bresgott 1967 in Greifswald geboren, ist nach dem Studium der Germanistik und Kunstgeschichte, Chorleitung und Gesang und freiberuflicher Tätigkeit als Chordirigent, Dramaturg und Kulturmanager Referent im Kulturbüro des Rates der EKD. Neben Arbeiten über den Autor Ernst Barlach und den protestantischen Kirchenbau verantwortet er als Dirigent etliche international erfolgreiche CD-Produktionen. ○

Hannes Langbein 1978 in Jena geboren, ist nach dem Studium der Evangelischen Theologie Referent im Büro der Kulturbeauftragten des Rates der EKD. Er promoviert am Institut für Bildwissenschaften in Rostock (ifi) und ist Redakteur von »kunst und kirche« sowie Vorstandsmitglied der Gesellschaft für Gegenwartskunst und Kirche Artheon. □

Andreas Schoelzel 1960 in Gifhorn geboren, arbeitete nach dem Studium der Publizistik in Berlin zunächst als Fotograf bei der Nachrichtenagentur AP, später in der Fotografenagentur Zenit. Seit 1990 fotografiert er freiberuflich für Zeitungen, Zeitschriften, Unternehmen und Verbände.

IMPRESSUM

Die Deutsche Bibliothek verzeichnet diese Publikation in der Deutschen Nationalbibliographie; detaillierte bibliographische Daten sind im Internet über ‹http://dnb.ddb.de› abrufbar.

Printed in EU · H 7460

Das Buch wurde auf alterungsbeständigem Papier gedruckt.

Umschlagabbildung Lesung mit Ulrich Wickert, Hörspielkirche Federow

Entwurf, Grafik und Satz Gute Gestaltung, Berlin

Fotos Andreas Schoelzel, Berlin

ISBN 978-3-374-02906-8

www.eva-leipzig.de

Mit freundlicher Unterstützung des Kulturbüros des Rates der EKD und der Stiftung zur Bewahrung kirchlicher Baudenkmäler in Deutschland